超維邏輯思考力

掌握資訊判斷、邏輯說服、正確決策、
創新思考、活用知識、解決問題的易學好用方法

傅皓政
李守忠——

著

社會專業人士誠摯推薦
（依姓名筆畫排列）

　　《超維邏輯思考力》是一本引導你掌握邏輯思考、說服他人、正確決策和創新思維的寶典。透過 15 堂邏輯思考課，你將學會擺脫價值觀陷阱、深入複雜問題本質，並找到解決方案，提早實現目標。讓邏輯成為你思考、說話和決策的利器，為個人和團隊的成功鋪平道路。

——「周博教你高效閱讀做筆記」版主　周博

　　《超維邏輯思考力》是一本深入探索資訊判斷、邏輯說服和創新思考的寶典。本書由建中 38 我的兩位優秀同學攜手合著，其內容涵蓋了根除問題、正確決策和活用知識等關鍵技巧，將為讀者打開解決難題的新思維。無論是學生、專業人士還是企業家，都能在這本書中找到實用的指引，提升思考品質，勝出於競爭者之上。請細細品味體會，掌握這把人生智鑰。

——建國中學第三十八屆同學會理事長　鄒積業

邏輯思考是一個問題解決的流程，但在過去，我們常常在知識大觀園中迷失方向。雖然我們知道有許多工具，卻不知如何將它們運用到工作或生活中。這本書為我們打開了實踐之門，透過故事情境，幫助我們學會運用邏輯思考。

——閱讀人社群主編 鄭俊德

掛名推薦

國立臺灣大學研發長 吳忠幟

溝通表達培訓師 張忘形

國立臺灣大學電機資訊學院院長 張耀文

臺北市立建國高級中學校長 莊智鈞

CONTENTS
目錄

實戰篇：不同情境下的超維邏輯思考

前言

　　在一座充滿機會和挑戰的城市裡，每一個人，都有著既相似又獨特的故事，其中一位叫黑狗，他是本書的男主角。

　　五年前，黑狗踏入職場，一步步地晉升至現在的行銷部副理。他是一個樂觀向上、努力奮鬥，偶爾有點叛逆的年輕人，總是積極地面對各種挑戰。然而，原本樂觀的心，現在卻被重重焦慮感包圍。當燈光漸漸熄滅，城市進入寧靜的夜晚，黑狗常常躺在床上獨自思索，不安和焦慮不時地湧上心頭。

　　進入職場後，黑狗逐漸遇到許多職場和生活的挑戰，讓他不得不開始思考一些重要問題。期間，他試圖閱讀了許多相關書籍，但依然沒有找到解決問題的有效方法。因此，這些問題所造成的困惑，逐漸在他心裡累積，形成了一種無形壓力，開始影響他的睡眠和生活。

　　黑狗有一位在大公司擔任高階主管的表哥，朋友們都叫他烏龜。此外，黑狗還有一位美麗又善解人意的女友鸚鵡。在黑狗情緒低落時，他們總是給予他建議、陪伴和鼓勵，然而這一次，黑狗心中的

壓力始終無法緩解。

終於有一天，烏龜提議他們一同去請教一位前輩——貓頭鷹，聽聽這位睿智前輩的建議。於是，黑狗、烏龜和鸚鵡便相偕踏上了一段探索之旅。

本書的故事，也就從這裡開始。一個充滿困惑和焦慮的年輕人和兩位親密夥伴，以及一位智慧的前輩，藉由一場「邏輯思考」的探索學習之旅，解開在職場、愛情、生活和人生種種的困惑。

我們經常聽到別人說，處理事情的態度和方法應該「理性」、「科學」。然而，我們該如何「理性」？如果我們學會用「邏輯」引導思考，就能理性；至於「科學」，先用「形式邏輯」推導、證明出科學理論為真，然後再用實驗證明理論為真。

在與貓頭鷹前輩交流過後，黑狗的問題不僅找到根本原因，而且也有了具體的解決良方。按照貓頭鷹的建議去行動以後，對於壓力紓解、個人成長和生活幸福，都產生了顯著的正面轉變。

黑狗逐漸擺脫長期以來的「價值觀思考」模式，丟棄昨是今非的傳統觀念包袱，擺脫似是而非的現代雞湯式思維，走向成長與智慧的道路，一步步接近「理智導情」的思維模式，實現人生一個又一個美好目標。

生活中許多似是而非、昨是今非的道理或價值觀，常常來自愛我們的父母、好心的朋友、老師、專家、學者等。例如「當公務員

比較有保障」、「只要你夠努力就一定會成功」、「你為什麼不能和別人一樣」。

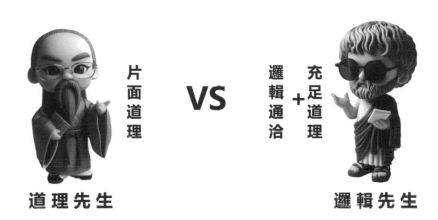

圖1　道理與邏輯

　　坊間各種貌似正確的道理，雖然其中確實具有「片面道理」，但關鍵是，並沒有「充足道理」，同時也不符合「邏輯通洽」，所以才會出現「公說公有理，婆說婆有理」的尷尬情況。比如「萬般皆下品，唯有讀書高」；「百無一用是書生」，或者「薑是老的辣」；「青出於藍而勝於藍」這些充滿矛盾的說法。

　　然而，這些道理多數是有前提條件的，也就是說，這些道理多數是在特定的時空背景條件下才會適用。如果沒有足夠的「邏輯思考力」，是無法清楚「適用情境」為何，或是哪裡出現問題，盲從、誤用就很容易發生，也就會承受各種沒必要的壓力，或被誤導而走

向不適合自己的道路。

　　愛因斯坦曾說「學習知識要善於思考」。以開車為例，交通規則引導駕駛者開車，應對各種路況，讓每位駕駛者能平安、順利到達目的地。「邏輯」就像交通規則一樣，引導我們思考，足以應對各種生活狀況，使我們實現美好目標。但是，我們該運用「哪些邏輯」來引導思考呢？邏輯思考的「具體方法」是什麼呢？

　　「邏輯」的字面含義是準則、規律，原本指的是亞里斯多德（Aristotle）集大成後首創的狹義「形式邏輯」，它是研究「有效推理形式」所使用的準則，只含演繹法，不包括歸納法，運用於狹義哲學和科學領域。

　　現今我們一般所說的「邏輯」，已不是指狹義的，而是廣義的「思考邏輯」，是適用於生活中的一些思考準則，而且包括了歸納法。

　　大學教的《邏輯學》，主要是狹義的「形式邏輯」，要將其直接運用在生活中的複雜思考情境中其實是非常困難的，因為「形式邏輯」所涉及的思維情境和邏輯準則，與實際生活有很大不同，很很難直接應用於生活情境。不少人更誤把「形式邏輯」當成「思考邏輯」，實在非常可惜。

　　另外，大家常用的「架構思考法」、「設計思考法」、「心智圖」、「行銷 4P」、「SWOT 分析」等思考模型，其實只是邏輯思考的一小部分，無法用來分辨訊息真假，判斷道理對錯，看清事物本質，

更無法活用知識。邏輯思考需要融會貫通形式邏輯、思考邏輯，以及各種思考模型，還需要與我們所身處的四維世界相契合，才能廣泛應用於生活中的種種生活情境，而且易學好用。

　　學好超維邏輯思考，就能像圖2一樣，在四維世界的職場、創業、投資理財、戀愛婚姻，以及人生信仰等方面，都能夠明智判斷資訊真假、道理對錯，也能以邏輯說服他人，深刻洞察他人內心，還能正確決策選擇，解決問題的根源，活用知識，同時擁有 AI 時代所需的創新力和高效學習力。

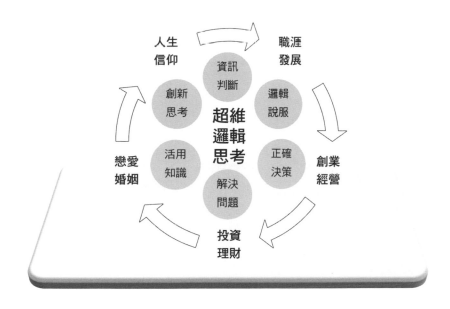

圖2　超維邏輯思考應用圖

有句名言說：「授人以魚，不如授人以漁。」這句話是以傳授者的角度來思考的。然而對於學習者角度而言，這句話應轉化成：「學人之魚，不如學人之漁。」

遺憾的是，學校的教育往往是教學生「各種知識」（魚），沒有教學生邏輯思考的「方法」（漁），造成許多學生和大人的邏輯思考力不足，也就難以在 AI 時代中創造高價值、獲取高收入，就如日本戰略之父大前研一所說：「思考力的差距，造成收入的差距。」

本書用各種日常生活情境中的案例故事，和你分享這種能夠融會貫通的「超維邏輯思考力」，希望能協助你創造高價值，因而提升收入、成就和幸福。

我們現在的選擇和行動，決定了五年後的樣子和未來的生活。所以，人生有三大要事：要幸福當下，也要準備好未來，還要找到有意義的正道。如此，人生就圓滿了。這是我成為大叔後，逐漸領悟到的人生之道，與你分享，也與你互勉之！

知識篇

活用超維邏輯思考

第一章

黑狗兄的焦慮與困擾
——有邏輯，你才能解決複雜問題

　　一個晴朗的週三早晨，溫暖的陽光透過窗戶灑在黑狗整潔的辦公桌上。電腦螢幕上閃爍著精心編輯的數據圖表，急促的鍵盤敲擊聲與遠處傳來的手機鈴聲融合在一起，為新的一天奏響了序曲。

　　黑狗注視著圖表上的數字，思考著當天的工作安排；每個細節似乎都有條不紊，見證了黑狗過去五年在職場中的堅韌努力，不斷成長。

　　然而，旁人不知道的是，每當黑狗下班回家、一個人躺在床上的時候，內心的焦慮就會像不速之客一樣不請自來。這個曾經樂觀、積極的年輕人，自從步入職場後，就被一系列重大問題所困擾：該如何與排擠我的同事和打壓我的上司相處？工作沒有成就感，是否應該轉換跑道？目前事業的發展前景，能不能滿足將來想要的生活？女友已經交往三年了，老媽一直催婚，工作幾年下來，雖然存了一

點錢，但房價卻那麼高，要結婚嗎？結婚前要買房嗎？這些問題就像無形的陰影籠罩心頭，也形成了一道道難以逾越的障礙。

工作佔據了黑狗一天裡的大部分時間，加班成了常態，女友、家人和事業很難兼顧，也讓他心裡有不小的虧欠感。同時，他又感到內心充滿了空虛，早已失去從前的輕鬆和快樂；即使和女友鸚鵡約會時，他也無法像過去一樣，輕鬆地享受日常生活的樂趣。對女友的體貼和家人的關懷也漸漸變得無感，有些話也不方便跟他們說，感覺自己心裡離他們越來越遠。這些問題不斷在他心頭累積，演變成無法言喻的焦慮，也讓他越來越容易失眠。

雖然他告訴自己「不要想了」，但許多問題仍會不自覺地在他的腦海中盤旋，使他的情緒時而沮喪，時而無奈，充滿深深的無力感。內心的空虛和不安，使他找不到真正的寧靜。

黑狗也曾閱讀相關書籍來尋找解決問題的方法，但發現那些道理、知識雖然能夠暫時帶來一絲安慰，卻很少具體又有效，甚至沒有觸及問題的核心。這種無助和困惑持續侵蝕他的內心，讓他陷入痛苦的輪迴之中。他開始隱約覺得，問題不僅存在於外部環境，更關鍵的是自己內心的糾結和無力解決。

感受到男友焦慮情緒的鸚鵡，不只深深關切，更渴望能夠幫助他緩解內心的壓力，於是用溫柔的語氣說：「我在一本書中讀到一句很有道理的話，『成功的人，是那些將問題視為機會的人』，或

許你的每一個問題都蘊含著成長的機會。」

黑狗儘管努力擺出笑容，卻是「皮笑心不笑」。雖然鸚鵡察覺到了他的反應，但還是繼續說道：「上週我去參加一個培訓，那個老師說的話也很有道理，他說：『生活就如同大海，風平浪靜時請享受，風浪來臨時請勇敢迎接，因為它們會把你塑造得更堅強。』」

黑狗靜默片刻，輕輕地歎了口氣說：「我知道你是真心想要幫助我，但這些雞湯式道理對我來說並沒有實際的作用。」黑狗語帶無奈地說：「我也想積極面對問題，但現實總是令我感到力不從心，甚至不知從何下手。」

「我也知道，那些話並不能直接解決你面臨的問題，但我願意陪在你身邊，與你共同面對困境。我們可以一同努力，尋找解決問題的方法。」鸚鵡溫柔地說道。

儘管女友提供的「心靈雞湯」無法解決問題，但鸚鵡願意同心努力和體貼陪伴，還是讓黑狗感受到了情感上的支持，讓他獲得一絲希望和力量。他決定振作起來，繼續尋找真正有效的解決方案。

於是，黑狗微笑對著鸚鵡說：「你說得對，雖然那些雞湯不能直接解決問題，但它們傳遞了一個重要的訊息——我需要積極地面對困難，而不是沉溺在沮喪和焦慮之中。我要重新找回自己的信心，勇敢地去面對問題，努力解決。」

　　鸚鵡微笑著點頭，她堅信，只要黑狗能夠積極面對問題，所有的困難都會逐漸被克服。

　　鸚鵡繼續說：「對了，你有沒有考慮找一下烏龜表哥聊聊呢？他比你大十歲，事業也相當成功，相信能給你很好的建議。」

　　聽了女友的建議，黑狗決定尋求表哥的幫助，請教事業和人生問題。他意識到，表哥豐富的成功經驗，應該能夠提供更切實有效的建議和方法，而不只是簡單的情感支援。

　　隔天黑狗就踏進了烏龜的辦公室，毫不保留地向烏龜傾訴了自己的問題，也訴說了內心的困擾和壓力，烏龜則坐在沙發上靜靜聆聽。他經歷過職場的高低起伏，以及離婚的打擊，深知生活中的問題，並非總能得到簡單直接的答案。他的目光充滿了理解，因此並沒有急於提供解決方案。

　　最後，黑狗做了結論：「表哥，我越來越難找到快樂了。」眼中流露出落寞的情緒。

　　烏龜輕輕歎了口氣後，才緩緩地說道：「黑狗，我理解你的困擾。職場和生活總是充滿挑戰，但不要害怕困難，要學會超維邏輯思考，懂得在適當的時機進行調整和妥協。同時也要珍惜時間，平衡工作和生活，不要讓焦慮和壓力佔據心頭。你可以從調整時間安排、與同事和上司好好溝通等方面入手，逐步解決問題。」

　　表哥的建議，讓黑狗感覺仿佛隔靴搔癢，沒有真正觸及問題核

心。「表哥，我嘗試過調整，但問題依然無法解決。我希望能夠找到更實際的有效方法，從根本上解決我內心困惑和難題。」

烏龜望著稍顯焦躁的黑狗，微笑著說：「黑狗，我能提供的建議只是一些指引，只要不過於焦慮，努力改變自己的態度，我相信，問題就會在持續的努力中逐漸明朗起來。說實話，你提出的問題，有些我也無法給出明確的有效方法。」

聽到烏龜這樣說，黑狗的一線希望再次破滅，只好深深的歎息。烏龜看出了黑狗的失望，趕緊說道：「不要那麼快就失望。儘管我幫不上忙，但我最近結識了一位很懂邏輯思考的前輩——貓頭鷹。遇到重大疑惑時，我就會去請教他，總是受益不淺。我相信他能夠解決你的難題，如果你願意，下週我們可以一起去見他。」黑狗仿佛溺水之人看到了救生圈，臉上立刻綻放出燦爛的笑容：「太好了，這太好了，我一定要去見他。」

在回家的路上，黑狗回想著表哥剛才的話，隱約感受到，在當今的複雜世界下，訊息多樣且科技變化快速，表哥所提到的「邏輯思考」似乎正是關鍵所在：要實際解決問題，需要的不僅僅是雞湯式的鼓勵或信心，還需要正確的策略和行動，而要有正確的策略和行動，就必須用到邏輯思考。

有了這樣的領悟，黑狗心中浮現一絲久違的喜悅，仿佛心中的暗夜露出了一線曙光。他感覺到問題的解答不再遙不可及，也感覺

　　自己仿佛站在一個新的起點，迎接著可期待的美好未來，對於下週與貓頭鷹的見面，也就更加充滿期待。

第二章

貓頭鷹前輩的邏輯思考課
——「有道理」就「合邏輯」嗎？

　　約定的日子終於到來，烏龜帶著黑狗和鸚鵡，準時來到了貓頭鷹的辦公室。辦公室是一座獨立的兩層洋房，一樓的大門敞開著，似乎在歡迎任何人的到來。陽光灑在辦公室的木地板上，映照出一片溫暖又寧靜的氣氛。

　　貓頭鷹微笑著歡迎來訪的三位年輕人。烏龜笑著說：「前輩，這是我表弟黑狗和他的女朋友鸚鵡。他們特地前來，希望能從您這裡得到一些指引。」

　　貓頭鷹的目光充滿了理解和溫暖，微笑地點頭說：「歡迎你們到來，烏龜之前已經跟我大致說明了你們的來意。你們有顆積極面對問題又願意主動學習的心，非常難得。人生的道路上免不了有各種問題，但不用擔心，都有方法可以解決。」

　　四人圍坐在一起，房間裡除了咖啡的香味，還彌漫著一種平等、

開放的氣氛。寒暄過後，黑狗便迫不及待地一股腦說出他的困惑和焦慮。同時貓頭鷹也看到，烏龜和鸚鵡都不由自主地跟著點頭。

貓頭鷹靜靜聆聽，他知道這些不僅是生活的難題，更是人心靈上的重擔。一聽完，他就知道了問題的根源，也知道如何幫助黑狗了。

「黑狗，你可能掉進生活的流沙了。」貓頭鷹一開口，就用比喻直接指出問題的關鍵。

「前輩，請問這是什麼意思？」

貓頭鷹解釋說：「生活中，我們每個人都會遇到各種問題。小問題即使沒處理好，影響也很小，所以很容易就跨過去了；但如果問題比較重大，又不知道如何解決，生活、心裡就有一部分好像被絆住，產生較大的困惑和壓力。」

「如果同一時期有幾個重大問題一起發生，困惑和壓力還會相加，甚至相乘。累積到一定程度，再經過一定的時間，就會再進一步升級至更有感覺的焦慮感。如果焦慮嚴重到一定程度，還可能會失去希望，甚至最後選擇放棄人生。」

「也就是說，重大的問題或困惑如果沒有處理好，就很可能會持續累積成壓力、焦慮，讓我們如同陷入流沙，最後甚至將我們淹沒。」

說到這裡，貓頭鷹特地停頓一下，讓三人思考一會，才又繼續說：「所以，面對這些情況，要像高明的醫生醫治重病一樣，既要有『救急』的方法，更要有『治本』的方法。救急方法可以快速改善難受

的壓力、痛苦的焦慮，讓我們可以較正常地生活，但還是要治本才可以根除問題，讓問題不會一再發生，甚至更加嚴重。」

「然而，請先健康地看待每一個挑戰，每一次正常的痛苦，都是我們成長的動力，因為它們會逼使我們思考、學習、行動，成為更好的自己。」貓頭鷹引導他們走向更寬廣的視野，進入更深層的思考。

黑狗看著前輩貓頭鷹，歎了一口氣，緩緩地開口說道：「前輩，您說的這個過程：問題、困惑、壓力、焦慮、無望，正是我的痛苦經歷。我就是陷入這種流沙般的漩渦裡，感覺到深深的無助和迷茫，差點就要放棄人生了。」

黑狗轉頭看著女友和表哥，眼神滿是柔情和感謝：「幸運的是，我有一直陪伴在我身邊的女友及表哥，鼓勵著我。因為他們的支持和陪伴，我在面對問題和焦慮時才有不放棄的力量。今天幸運地聽到您的智慧指導，更讓我重新看到希望。我相信，通過向您學習，我可以找到解答，克服困難。可不可以先告訴我，您剛才說的『救急』方法和『治本』的方法分別是什麼？」

貓頭鷹微笑地點頭：「首先，你需要學習正面思維。不過，正面思維雖然可以帶給我們一些信心、力量，但在面對重大問題和壓力時，不能只有正面思維，還要有救急、治標的方法，更要有治本的有效方法。」

　　「因為你現在還沒有足夠的『超維邏輯思考力』，還無法同時思考、處理好你剛才說的那幾個重大問題。所以，『救急』的方法就是，針對這幾個問題，你先思考一個你認為『重要又緊急』的問題就好，其他不急著處理的重要事情先放一邊。」

　　他繼續解釋：「在同時面對許多資訊或者多個問題時，如果沒辦法好好運用『超維邏輯思考』，我們常常容易把許多問題、訊息、知識、經驗，像很多毛線一樣纏成一團，導致問題更解不開而困惑、焦慮。所以，一次只面對一個問題，不要同時思考多個問題，你就不會因負擔過重而有很大壓力。有時候你還是會不由自主地想到其他問題，這很正常，只要再把注意力轉回你要解決的那一個問題就好，不需要過度糾結於『說不想，怎麼又去想了』的自責情緒裡。」

　　說到這裡，貓頭鷹話鋒一轉：「建議你每天練習冥想，從每天五分鐘開始就好。同時做點適當的運動，先選擇自己喜歡又簡單的運動來做。不管是冥想還是運動，每天都不用做太多，一開始的目標只是要逐漸養成『鍛練身體和心靈』的習慣，因為我們的身、心、靈是互聯互通的，彼此互相影響，所以最好是都持續鍛練。」

　　「養成習慣後，你就已經克服自己的一部分惰性了，再繼續看情況增加時間就好了。等到身體和內心開始感受到冥想和運動的好處時，你自然就會更有動力去持續做下去，也就開始進入良性循環。」

　　「最後一點，如果環境許可的話，請盡量做真實的自己，因為

長期『包裝』、『偽裝』是違背心靈的，會讓人心累、不快樂。」

「以上這些，是黑狗要自己做的部分。」貓頭鷹轉頭面向鸚鵡說道：「鸚鵡，你之前做得很好，以後只要繼續陪伴黑狗，繼續鼓勵他。有空時，兩人一起去做些輕鬆、自在、真正想做的事，這樣就可以了。」

聽完貓頭鷹的建議，黑狗再開口時語氣多了一份輕鬆的愉悅：「聽了前輩實用又簡單的建議，我真的如釋重負，謝謝您的指導。我相信這些方法一定可以大幅減輕我心裡的壓力和焦慮。」話語中充滿了感激和期待。

聽了貓頭鷹和黑狗的交流，烏龜很替黑狗感到高興，但也忍不住心裡的好奇問道：「請問前輩，『治本』的方法是什麼？是否包括深入思考和反思，以及瞭解問題的本質和背後的原因？同時，是不是也要不斷提升自己的思考力和解決問題的能力？」

貓頭鷹一邊認真傾聽，一邊微笑和點頭，然後說：「你的問題和說明都很好。你說的深入思考、反思和瞭解問題的本質，還必須瞭解『具體方法』是什麼、彼此之間有什麼關聯，否則就會像許多專家、學者都說『年輕人要會獨立思考』，卻沒有講明『具體方法』，這是遠遠不夠的。」

烏龜尷尬地笑著說：「我還真的沒想過。」

貓頭鷹微笑地說：「嗯，最少你很誠實。簡單來說，就是要善

用超維邏輯思考來處理職場和生活中所遇到的各種問題。因為不論在職場或生活中，思考和努力都一樣重要。尤其在複雜又變化快速的科技時代中，如果不夠明智，即使很努力，不論是職場、創業，或是理財投資，還是戀愛婚姻，成功、幸福的機會就會很渺茫。」

「烏龜剛才說的那些思考，就屬於邏輯思考的一部分，但因為多數人沒有深入鑽研，更沒有融會貫通，所以就無法想清楚那些思考的彼此關聯是什麼，也想不明白邏輯思考具體要按照『哪些邏輯』來思考，當然也就無法活用邏輯思考來處理真實世界的複雜問題了。所以，解決黑狗焦慮的『治本』方法，就是要學會邏輯思考。」

貓頭鷹微笑著暫停了幾秒，才又繼續說：「超維邏輯思考的具體方法，是要融會貫通形式邏輯、思考邏輯和各種思考模型，並且和我們身處的四維世界契合，得出的方法才會『易學好用』。」

「很多思考課程都只教授某種特定的思考模型，但實際上，思考模型遠超過百種。因此，學習了某些思考模型，比如架構思考、心智圖、設計思考法等等，的確可以提升一點思考力，讓思考、表達比較條理化，但由於每一種思考模型的適用情境都很有限，並無法適用各種思考情境。例如，無法明智判斷訊息真假或道理對錯、不能看清問題本質、不能活用知識等等。」

這番話和鸚鵡原本的認知有出入，所以，她立刻果決地請教貓頭鷹：「前輩，我有個問題想請教。『有道理』不就是『合邏輯』嗎？

一個人的表達如果聽來有道理，應該就算是懂得邏輯思考了吧。」

　　貓頭鷹微笑地看著鸚鵡，輕輕地點了點頭，表示對她勇敢提問的贊同，並對她說：「嗯，這個問題很好，很值得深思和交流。許多人的想法也和你一樣，認為有道理就是合邏輯，然而，騙子、神棍說的話也都有『部分道理』，但能說是合邏輯嗎？邏輯是要符合『充足理由』，而不只是有『部分理由』。之後我們會再深入地交流，仔細探討清楚鸚鵡問的這個問題；但在這之前，我要先問你們一個問題：你們認為，愛情和金錢哪個重要？」

　　黑狗和鸚鵡很有默契地轉頭相視，異口同聲地說：「愛情。」烏龜則說：「金錢更重要。」

　　聽了三人的回答，貓頭鷹微笑著說：「如果從邏輯思考來看，這個問題的答案就是『資訊不足，不足以回答』。因為在實際的生活中，我們很少只是考量單一條件或單一因素，就連『過年旅遊去哪裡玩？』這個看似輕而易舉的決定，背後可能受到多個因素影響，如預算、休假天數、交通便利性、地方治安等等，更何況重大的事情呢。」

　　「即使是同一個人，在不同的情境下也會做出不同的選擇。邏輯的準則之一是『充足理由』，按理性的邏輯思考來說，這個問題的答案就是訊息不足，不足以回答。如果在缺乏充足資訊、理由下，你們還能給出自己的答案，就不符合邏輯思考的準則，也就不是邏

輯思考了。很可能在生活中，你們並不清楚邏輯思考要遵循哪些邏輯，所以就習慣用非邏輯的『價值觀思考』下結論。」

緊接著，貓頭鷹又問：「舉個例子來說，2023 年 10 月初爆發的『以巴衝突』，你們認為責任在誰身上？」

黑狗首先說：「哈馬斯先攻擊以色列，所以責任在哈馬斯身上。」

鸚鵡馬上反駁：「即使哈馬斯先動手，以色列也不應該攻擊加薩地區，裡面有很多無辜人民，還有許多小孩啊！」

烏龜聽了兩人的分享，突然領悟了問題的核心，說道：「前輩，我發覺我們對同一件事，往往會陷入『見仁見智』的困境——是不是因為在『價值觀』的作用下，我們思考時會偏重某些要素，而忽略了其他要素？」

貓頭鷹肯定地點了點頭：「烏龜看出問題了。我的目的，就是用這兩個例子讓你們理解『價值觀思考』的盲點。也就是說，在主觀的『價值觀』作用下，不自覺地選擇自己偏好的部分訊息來思考而形成結論，沒有調和其他關鍵訊息，以至於對人、事、物的理解容易以偏概全。由於只知皮毛，處理問題時往往『治標不治本』，與人交流時，就容易出現『公說公有理，婆說婆有理』的情形。」

「價值觀雖然在名稱有個『觀』字，似乎只是腦中的想法、觀念，但本質上它與我們的喜好、欲望、情感、性格等心靈層面有緊密關聯，也受到它們的巨大影響。」

　　聽了貓頭鷹的說明，烏龜接著又問：「前輩，那我們應該怎麼看待這次的以巴衝突呢？」

　　貓頭鷹緩緩說道：「很多人在看待、談論事情時，往往會把很多訊息、事情混為一談，當然就不容易說得清楚明白了。所以，為了避免『混為一談』，我們就要學習一件事、一件事地就事論事。」

　　「就像法院審案一樣，如果同一個人牽涉好幾個案件，就必須一案一審。哈馬斯先攻擊以色列，明顯是哈馬斯有錯在先，按常理來說，以色列就有自衛權利。但以色列反擊哈馬斯時，因此傷害到無辜的巴勒斯坦人，毫無疑問是自衛過度，也就是錯誤在後了。同樣的道理，我一般不會武斷地把人分成好人、壞人，只會判斷『這個人所做的某件事』對或不對，只根據某一件事來就事論事，因為好人不但可能會做錯事，甚至在某些情境下也會做壞事。」

　　「另一種更好的方法，就是融會貫通所有關鍵要素，包含一些看起來矛盾的要素，而不是只看『部分要素』。其實，我們從小到大都聽過很多看起來矛盾的話，例如『三百六十行，行行出狀元』vs.『萬般皆下品，唯有讀書高』；『大丈夫寧死不屈』vs.『大丈夫能屈能伸』；『薑是老的辣』vs.『青出於藍勝於藍』。」

　　「網上隨便搜尋，就可以搜出數十句這種互相矛盾的話，兩邊的話都各自有『部分道理』，卻都沒有融會貫通。所以，你講某一邊的道理，我就很容易用另一邊的道理來反駁你，最後導致各說各話、

以偏概全，這其實是價值觀思考而導致『因情亂思』的結果。如果還不具備能夠融會貫通的邏輯思考力，就至少要先瞭解其中的假設前提或者適用情境，否則就很容易錯誤套用在不合適的情境下。」

「NVIDIA（輝達）創辦人黃仁勳說：『我之所以選擇去挑戰世界上沒有人做過、而且很難做到的事，是因為這樣就阻止了許多人進入。』他這句話聽起來很有道理，但適合每個人嗎？一般人不一定適用，因為它的先決條件很高。也就是說，很多道理、名言都有其先決條件或適用情境，如果沒弄清楚，不管三七二十一就盲目相信、套用，後果往往會很嚴重。」

最後，貓頭鷹說：「在生活中判斷訊息真假、道理對錯，以及在表達說服、處理問題、理性決策、活用知識的時候，都很考驗個人的邏輯思考力。之後我會逐步地深入說明清楚訓練超維邏輯思考的知識體系和具體方法。俗話說『貪多嚼不爛』，今天先聊到這裡，免得你們消化不了。我們下次再繼續深入交流價值觀思考，你們回去可以先想一想。」

烏龜說：「是啊，這樣最好。」

在回家的車上，烏龜問黑狗說：「你覺得如何？」

黑狗說道：「太好了，前輩給出的建議具體又實際。表哥，太謝謝你了，謝謝你帶我來認識前輩。」他興奮的情緒難以掩飾，聲音中透露出一種激動和感激。「我會牢記前輩的建議，同時也會積

極地實踐冥想和運動，儘量不再偽裝自己。」黑狗的話語中重新充滿了活力和正能量。」

　　鸚鵡滿是喜悅，她說道：「看到你這麼激動和充滿信心，我好高興啊。你的進步和積極態度，讓我也感到振奮，你一定會克服困難的。」

第三章

你的「價值觀思考」有問題！
——「理智導情」才能避免「因情亂思」

　　接下來的一週裡，黑狗的工作依舊忙碌，但他的內心已經發生了變化。周圍的同事也察覺到這無聲的轉變——因為久違的笑容已經重新回到了他的臉上。

　　黑狗不再陷入多個問題的重重糾結中，即使他還沒有想到良好的解決方案，但這樣的改變已明顯減輕他的壓力和焦慮。此外，他也開始嘗試身體和心靈的鍛鍊，每天抽出時間慢跑，再加上每天五分鐘的冥想，終於讓他的內心感到一絲舒緩和平靜。

　　不只黑狗，烏龜和鸚鵡也都利用空閒時間體會貓頭鷹所說的「價值觀思考」，並且觀察自己的思考方式和實際生活。

　　烏龜發現，很多人的判斷和選擇都受到價值觀的巨大影響，導致各種非理性行為，而且這種現象在每次選舉時特別明顯。自省後也發現，自己很多的思考和結論，的確就是貓頭鷹所說的價值觀思

考的產物。

　　鸚鵡則反覆思考貓頭鷹的解釋和實例，更好地理解了價值觀思考的概念。對照自己與閨蜜相處、聊天時的情況後她意識到，彼此之所以對同一事物產生截然不同的看法和行為，就是因為不同的「價值觀」作祟，有時候還會因此而鬥嘴、爭執，又往往都自以為是對的。

　　黑狗也開始關注自己的思維方式和行為，試圖從中發現與價值觀相關的線索。他因此察覺，有時候自己的選擇和情緒確實受到內心價值觀的強烈作用，在生活中對自己產生了不小的影響。

　　在上週的交流中，三人見識過貓頭鷹的功力後，都迫不及待地想要再次聆聽他的指導。於是，三人再度來到貓頭鷹的辦公室。

　　貓頭鷹先是笑著看黑狗：「黑狗，你上星期感覺如何？」

　　黑狗說：「前輩，我按照您的方法進行了調整，還開始鍛練身體和冥想，壓力和焦慮減少了很多，感覺自己正在回復到以前的狀態。」他的語氣中充滿了喜悅和興奮，話語中洋溢著積極的能量。

　　「同事和家人都說我變得更積極，也會笑了，不再像以前一樣，一臉苦瓜。」黑狗笑著說。

　　「黑狗，你就繼續這樣做，調整過程中如果遇到什麼問題，或者還有什麼不清楚的地方，可以隨時問我。」貓頭鷹親切地鼓勵著黑狗，語氣中充滿了關心和支持；因為他深知，成長的道路上一定會遇到挑戰和困惑，所以用行動和話語幫助黑狗。

停頓了一會後，貓頭鷹笑著看向烏龜，問道：「你上週感覺如何？要不要也分享一下你的感悟？」

烏龜微笑著點頭：「前輩，您上次對價值觀思考的解釋，我對兩個關鍵部分特別有感觸：一個是不自覺地『選自己偏好』的訊息，另一個是『沒有調和』其他關鍵訊息。我發現，價值觀思考似乎是多數人主要的思考方式，連我也常常用這種方式在思考，只是以前不知道。最明顯的例子，就是選舉的時候不少人立場很強烈，因為只用個人價值觀思考，導致只選擇自己偏好的訊息，和自己『價值觀』不同的訊息就不願意聆聽，真的是『因情亂思』。」

貓頭鷹聽了以後，微笑著補充說：「如果習慣用價值觀思考，有些事，比如剛才說的選舉的例子，不少人內心往往會『先』有自己的價值觀、立場或意識形態，然後再找出訊息來支持和證明『自己價值觀』的結論，也就是俗話說的『先射箭，再畫靶』。我們都知道，正確方式是要用靶來引導射箭，因此，要先用理性、客觀的邏輯思考，引導個人的價值觀，這就是『理智導情』。」

黑狗馬上接著說：「我以前也會『先射箭，再畫靶』，比如，對一個同事或朋友，心裡已經有了成見，甚至貼上了標籤，對方之後的言行，就會在『有色眼鏡』下的標籤去理解，很難客觀地認知。我也意識到，自己的很多選擇和情緒都受到內心價值觀的強烈影響。以前還要努力要求自己的思考『平衡』理性和情感，經前輩的解釋，

我才知道，應該要運用邏輯思考來引導價值觀。」

　　貓頭鷹微笑著看著三人，滿意地點了點頭：「你們的分享融合了實際生活，這說明你們用心去理解和應用。你們看一下圖 3。」

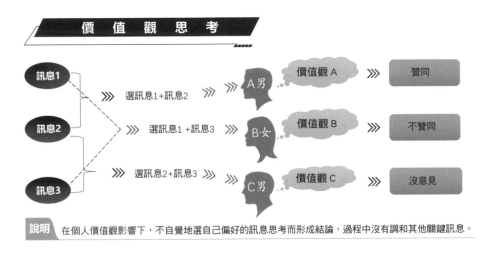

圖3　價值觀思考

　　「圖 3 中，A 男、B 女、C 男三人，在面對訊息 1、訊息 2 和訊息 3 時，不自覺地按照各自的價值觀『選自己偏好』的部分訊息，比如 A 男選擇偏好的訊息 1、訊息 2，忽略訊息 3；B 女選擇偏好的訊息 1、訊息 3，忽略訊息 2；C 男擇偏好的訊息 2、訊息 3，忽略訊息 1。三人共同的問題都是以偏概全，沒有調和其他關鍵訊息，以至於做出符合自己價值觀，但截然不同的結論、決策和行動，如 A 男贊同、B 女不贊同、C 男沒意見。」

「舉例來說，同一位藝人的言行、作品或打扮，喜歡他的粉絲和討厭他的黑粉反應往往兩極化，就是因為大家都使用價值觀思考所導致的結果。同樣地，同一位政治人物的言行、新聞事件，抱持不同價值觀、立場選民的解讀往往會有很大差別。你們再看一下圖4。」

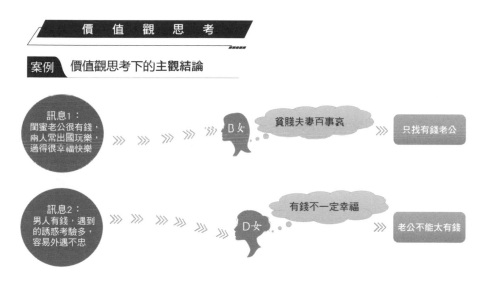

圖4　價值觀思考案例

「同樣面對訊息1和訊息2，B女的價值觀認為『貧賤夫妻百事哀』，所以將關注點落在訊息1：閨蜜老公很有錢，生活優渥，兩人還常出國玩，過得很幸福，不自覺地忽視訊息2：男人有錢，面對的誘惑與考驗也會變多，外遇不忠的機率變很高，因此選擇對象時只重視對象的經濟能力。D女的價值觀則認為『有錢不一定幸福』，

可能就會傾向看重訊息 2，因此選擇『老公不能沒錢，但也不要太有錢』。兩位女生的價值觀不同，所以就不自覺地選擇自己偏好的訊息，做出不同的結論和行動。從這個例子就可以看出價值觀思考是如何影響一個人的思考、選擇和行動。」

「正如馬斯克所說：『人們普遍會犯的一個最大錯誤，我也曾經犯過的，就是思考時會選擇忽略某些事實，而進一步期望某些事發生，就產生「一廂情願」的現象和結果。』這種最大錯誤，就是價值觀思考所導致的。」

這時候，烏龜提出他的疑惑：「前輩，這樣看來，似乎多數人都是用價值觀思考，那麼，這種『價值觀思考』和『邏輯思考』有何差別？又有何關聯呢？為什麼不可以用自己的價值觀思考和做決策？」

貓頭鷹聽到烏龜提出的問題，立刻對著烏龜豎起大拇指，欣然笑道：「你的問題問到關鍵了。你們應該都已經發現，價值觀思考是一種主觀的非理性思考，有時候甚至是一種情緒化或意識形態的思考，而邏輯思考則在它的相對面，是一種客觀的理性思考。我們常說『觀點沒有對錯』，指的就是價值觀思考所形成的個人觀點。」

「在我們『個人』的事務上，以價值觀思考來形成觀點確實沒有對錯之分，因為每個成年人都有權利在自己的事上做主，也必須承擔自己做主的結果。比如，我可以選擇抽菸，這是我『個人』

的事。」

貓頭鷹繼續娓娓道來：「然而，如果事情涉及『別人或群體』，就有對錯了，如果再單純根據自己的價值觀喜好來思考、選擇，往往會和別人產生矛盾，和群體或社會衝突，卻還自認為有道理。例如，我可以喜歡抽菸，自己承受得肺癌的風險，卻不能在醫院裡或任何法定禁菸區抽菸，因為此時『個人』的價值觀選擇已經涉及『別人或群體』了。」

一見三人都點頭，貓頭鷹馬上接著說：「再舉一個例子，你們肯定不會跟老闆說：『經過反覆思考，我認為十點上班對我來說更合適。』」

鸚鵡聽後忍不住笑出聲：「哈哈，正常人都不會這樣啦。」

貓頭鷹接著鸚鵡的話，笑著說：「是啊，我們對老闆不會這樣，可是對情侶，或是對父母，卻經常不自覺地希望或要求對方，按照自己喜歡的方式來對待我們，忽視對方的感受，還可能自認為有理。」三人聽後，默然無聲。

沒多久，黑狗伸出手，緊緊握住鸚鵡的手，仿佛在默默向她表達歉意。同時問道：「前輩，這是不是說，只要涉及『別人或群體』，我們就應該多用邏輯思考，而不要用價值觀呢？」

貓頭鷹微笑著回應黑狗：「嗯，你的反應很快，說得也有部分道理，但不完全對。不是，我並不是要你們丟棄價值觀。」

　　「我上次說過，『價值觀思考』的『觀』從字面上的意思來看，似乎意指心中的想法、觀念，但實際上價值觀與我們的愛好、欲望、情感、性格等層面有緊密關聯，也深受影響。比如，前幾年流行『斷捨離』，很多人做不到的原因，真的只是因為不理解『斷捨離』的概念或好處嗎？還是因為個人情感而斷不掉、因為性格而捨不得、因為欲望而離不開？」

　　貓頭鷹沒等他們回答，馬上往下說：「價值觀可能發展成情緒、意識形態，也有可能成為很有正面力量的中心思想、使命感，所以不是不能用，實際上也不可能不用，而是要以理性、客觀的邏輯思考來引導價值觀，就能『理智導情』，也才能避免『因情亂思』。」

　　聽到這裡的烏龜，趕忙說道：「前輩，您的話讓我看到一個原則，就是欲望、情感、性格等因素對人的影響，顯然要比想法、觀念來得更強大而且更深刻。」

　　貓頭鷹環視三人，微笑著說：「烏龜說得很對，所以理性的邏輯思考就更顯得重要了。雖然價值觀的影響力相當巨大，但這並不是說我們就要被價值觀牽著鼻子走。因此，在自己強烈的價值觀下，我們要先運用客觀的邏輯思考做出理性的判斷，推理出合理、正確的結論，甚至用邏輯思考檢視、修正我們原有的偏差價值觀，才不會陷入價值觀思考的迷思，做出情緒化的錯誤選擇或行動。」

　　喝了口咖啡後，貓頭鷹又說：「總的來說，先用邏輯思考，就

能『理智導情』。俗話說：『旁觀者清』，為什麼旁觀者會看得比較清楚呢？因為旁觀者沒有牽涉其中，就沒有價值觀產生的立場，或是利益產生的情緒，自然就會比較理性。我們再來回顧一段歷史，來看看在同樣的環境、壓力下，這兩類不同的思考會產生有多大差別。」

貓頭鷹接著說：「滿清末年，慈禧太后打算借助義和團對抗歐美外敵，造成了暴民屠殺外國人，也殺害了許多無辜百姓。慈禧還對十一國宣戰，並下令全國參戰，之後，八國聯軍（其實是十一國）打入北京。慈禧下令後，在忠君愛國的價值觀下，武衛軍遵令參戰。然而，東南各省巡撫卻都明智地不理會慈禧的命令，組成了『東南互保』。北洋海軍也未聽慈禧命令參戰，甚至還有一艘軍艦的艦長遵從良心而抗命，收留許多逃難的無辜傳教士家庭。也就是說，在同樣專制皇權的最高命令下，多數人在傳統忠君的價值觀思考下盲目順從，有些人卻因為遵從自己的內在良心、理性選擇抗命。」

貓頭鷹繼續說：「再舉一個故事，1989 年柏林圍牆倒塌，到了1991 年 9 月，兩德統一後的柏林法庭即將對亨里奇的罪行宣判。當時他還未滿 30 歲，以前是柏林圍牆的衛兵，因開槍殺死企圖攀爬柏林圍牆投奔自由的 20 歲年輕人克利斯而被告上法庭。亨里奇的律師辯稱：『做為一名守牆士兵，亨里奇只是在執行命令。軍人執行命令是天職，他別無選擇。要說有罪，那也罪不在他。』」

「然而，法官卻說：『東德法律或許要求你去殺人，但你明明知道那些試圖逃離的人都是無辜的，明知無辜卻選擇殺害他們，這便是罪行。做為一名軍人，當發現有人翻牆越境時，不執行上級命令（開槍）是有罪的；但是，你可以選擇打不準，而打不準是無罪的。身為一個心智健全的人，在舉槍瞄準自己的同胞時，可以稍稍抬高一點槍口，這是你應主動承擔的良心義務。』法官說完，亨里奇的眼睛裡充滿淚水，胸口劇烈地起伏。他轉向克利斯的家人，說了句『對不起，我錯了』就低下了頭。最後，他因蓄意射殺罪被判三年半徒刑，且不予假釋。」

「愛國是普世價值觀，但國家雖然是由領導人帶領、下令的，然而，除了總統命令之外還有天道、良心和常理，所以應該用邏輯思考來檢視總統的命令是否違背良心、常理，避免成為柏林圍牆的士兵亨里奇，或是慈禧命令下的愚忠——更不要淪為義和團式的價值觀思考。你們看一看圖5。」

「簡單來說，邏輯思考就是遵循邏輯準則來思考訊息和常理，藉以推理出符合邏輯通洽，又有『充足理由』的結論，也就是合理、正確的結論，而不是只合乎『部分道理』的結論。不同的人，即使有不同的價值觀，如果都遵循邏輯的思考準則，也可以產生理性上趨同或一致的結論，就能避免『公說公有理，婆說婆有理』的困境，這個過程，我稱之為『理智導情』。」

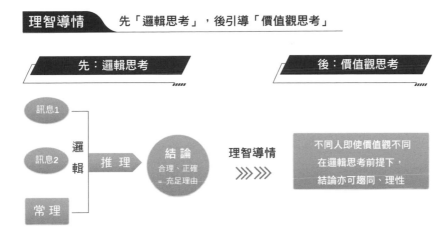

圖5　理智導情過程示意圖

「如果個人能夠活用邏輯思考，就能進一步達到『理智導情』，明智地處理生活中的各種難題。今天就先說到這裡，請你們把我剛才說的內容再思考、消化，下週我們再繼續往下討論。」

離開貓頭鷹辦公室時，黑狗三人都沒有說話，在腦海中消化那一張圖。這次的交流不僅打開了他們的視野，也豐富了他們的知識。貓頭鷹還通過深入淺出的解釋，幫助他們更好地理解了價值觀思考與邏輯思考的區別和關係。

在這場邏輯思考的盛宴之後，烏龜帶著黑狗和鸚鵡去享受美食了。畢竟，美食也是一種「普世價值觀」嘛！

第四章

如何避免「只知皮毛」？
——問對問題，踏出「邏輯思考」的第一步

　　這個週六，黑狗和鸚鵡一起帶著國小二年級的可愛侄子去動物園玩。第一次帶小朋友出去玩的黑狗驚訝地發現，小朋友怎麼像永動機一樣，有無窮的活力。天馬行空的各種怪問題也讓黑狗招架不住，即使用上 Google 也難以應付，因為還要將知識轉化成小朋友聽得懂的話來講給他聽。

　　黑狗深入思考後發現，這些表面上看似奇怪的問題，本質上似乎是來自孩子天生的好奇心和想像力。經過這樣深入的思考後，黑狗對小孩子喜歡問問題這件事的認知有了巨大的轉變，也對小侄子的提問更有耐心了。

　　他興奮地發現，深入思考後，對事物的認知和眼見的表面思維大不相同，能穿透眼見的表象，有種「撥開雲霧見青天」的通透感。原來，思維不同，不但認知會不同，感覺、反應和行動也都會隨之

變化，所以有句話說：「人的一生，都在為自己的認知買單。」

於是，在聚會開始前的閒聊中，黑狗就和大家分享了這次深入思考的心得。

貓頭鷹一聽完就說：「黑狗，你真棒，我沒想到你這麼快就開始深入思考了。的確就像你說的，當你開始深入思考後，對事物的認知和反應就會有翻天覆地的變化。有了深思本質的能力，再看這世界和事物就會有通透感，更能看清真相，不再被表象迷惑、誤導了。」

貓頭鷹繼續說：「今天就從小朋友愛發問說起吧。就像黑狗所說的，小孩子會很自然地問很多問題，的確是由人天生就有的好奇心所驅動的，而且問問題是思考的開始。」

「舉列來說，以色列人崇尚思考訓練。小朋友放學回到家，父母不是問『今天老師教了什麼？』，而是問：『今天你在學校問了什麼問題？』家長、老師和整個社會都鼓勵孩子提出各種問題，甚至不同意見，不會批評說：『你怎麼這麼多問題？』、『你為什麼不能和別人一樣？』。即便在軍隊裡，以色列也不像傳統華人軍隊文化，只強調『軍令如山、絕對服從』，而是要你思考長官的命令該如何執行。」

貓頭鷹接著說：「以色列民族崇尚思考的文化，結出了豐碩的果實。人口總數不到全球的 0.2％，諾貝爾得獎數量卻超過 20％。以色列還被稱為『中東矽谷』，人均創業公司數量世界第一，而且在

美國納斯達克上市的科技公司數量，以色列名列第三，僅次於美國和中國。以色列四周全是虎視眈眈的中東國家，還經歷過五次中東戰爭，但 2022 年人均 GDP 達 55,000 美元，台灣則是 32,600 美元。」

鸚鵡立刻有感而發：「是啊，有人說，以色列教育的目的在於把學生培養成創業者、企業家；台灣的教育體系，則是教育學生成為員工、工程師。」

黑狗驚訝地說：「原來社會的深度思考文化的影響這麼巨大啊，以色列真了不起。」

貓頭鷹繼續緩緩地說：「華人的傳統文化、教育和社會環境，確實很容易忽略激發學生的好奇心和想像力，反而偏重『灌輸知識』給學生，很少教導『邏輯思考』的方法，甚至不少老師只允許標準答案。舉例，有小學老師問：『煮一顆雞蛋五分鐘，煮三顆雞蛋要幾分鐘？』標準答案是十五分鐘。有學生回答：『還是五分鐘，因為煮蛋都是一起煮的。』結果老師說：『答錯了。』這就是標準答案的問題和危害，不容許其他『合理答案』，禁錮了思維力，壓抑了創新力，甚至殘害了學生的好奇心和想像力！」

「灌輸知識的教育方式，壓制了學生的好奇心和主動探索，容易讓學習沒有樂趣，導致學習缺乏積極性，甚至帶來壓力，造成台灣高中生的壓力指數（16.0％），是國中生（8.2％）的將近 2 倍，更導致很多人的好奇心逐漸消退，也越來越少問問題了，無法適應複

雜又多變的科技時代。」

　　說到這裡，貓頭鷹語氣一變：「既然思考可以創造出高價值，那麼，我們就先來探討一下「思考」是什麼吧。」

　　「思考，是認知世界、處理訊息（判斷、推理）、創造價值的「方法」和過程。因此，思考的三大組成包括 1. 認知、2. 判斷、3. 推理。你們看一下圖 6。」

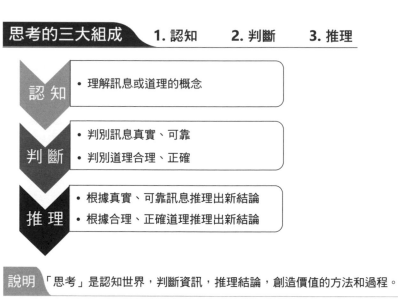

圖6　思考的三大組成

　　「1. 認知，即是理解訊息、道理的概念。對於一個孩子而言，思考始於對世界的認知，所以小朋友的第一種問題是『媽媽，那是什麼？』媽媽就說：『那是車車。』小朋友就開始認知，那個樣子的

東西就是車子。同樣的，我們學習許多新事物、新知識，也是從外觀、名稱、文字、圖片、影片等各種訊息或道理，做為一開始的認知，比如元宇宙、AI。」

「2. 判斷，是判別訊息、道理，做出肯定（Yes）或否定（No）的結論。在生活中，主要是判別訊息是否真實、可靠，道理是否合理、正確；尤其現在有許多訊息、新聞似真還假，很多專家說的道理似是而非，很多傳統觀念、過去經驗更已經昨是今非。」

「3. 推理，是根據已有的訊息、道理，推導出「新」結論，而且所根據的訊息必須是真實、可靠的，所依據的道理必須是合理、正確的。從我們生活中常用的推理語句來看，比如『因為……，所以……』『如果……，那麼……』『在這些前提下……』『綜上所述……』就可以說明，我們幾乎無時無刻都在推理自己的『新結論』。」

貓頭鷹進一步說道：「不少人在思考的認知階段時，其實並沒有正確且深入的理解訊息、概念，導致在理解訊息、學習知識時，往往用二維的『表面思考』，而只看見事物表象，也就是俗稱的『只知道皮毛』。」

黑狗摸摸頭，然後問道：「前輩，那我應該怎麼做才能避免只知皮毛呢？」

貓頭鷹看著黑狗，愉快地笑了起來：「嗯，你把新學的知識用

在自己身上，非常好。事實上，很多人其實並沒有意識到自己只知道皮毛。」

「世間事物和知識都是立體、有深度的，無論是具體的人或物，還是抽象的知識、事情、問題。我們生活在四維世界裡，如果只使用『眼見為實』的二維表面思維，就如同『將立體的球錯誤認知為平面的圓』，只知皮毛也就很難避免了。」

「眼見為實不是全錯，但有很大的局限、偏差，因為只能看到局部的表面，就會成為瞎子摸象，看人就會知人知面不知心。為什麼我們會只知皮毛呢？因為皮毛（表象），都是我們直接感知、看見的層面。如果思考只停留在眼見的表面，沒有再深入思考到『三維的本質』，自然而然就會只知皮毛了。」

貓頭鷹接著往下說：「那麼，要怎樣深入思考到『三維的本質』呢？不妨先來看看小朋友是怎麼問問題的。問問題是思考的開始，小朋友自然發問的問題，也正代表了我們的初級思考。第一種小朋友會問的問題就是『什麼（What）』，比如，『媽媽，那個是什麼？』；第二種問題當然就是『為什麼（Why）』了，所以就有《十萬個為什麼？》這本童書。」

「長大後，我們又是怎麼學習知識的呢？對於自己不重要的知識，比如，孔子講的『仁』、老子說的『道』是什麼意思？或是不直接運用的知識，比如，『元宇宙』是什麼？關於這部分，我們往

往只學習『什麼（What）』，只知道字面意思，也就是只知皮毛，就像小朋友對事物只有表面的認識、基本的感知。」

「然而，對於重要知識或是重要事情，就需要清楚因果、關聯性（Why），還要清楚有效方法（How）。」

貓頭鷹接著說：「所以，為了避免只知皮毛，就需要深入思考這三種問題：What ＋ Why ＋ How，也呼應古人所說的『知其然（What），又『知其所以然』（Why），還『知其門道（How）』，這就是深度認知的三大要素，而不會再只知皮毛（What）、只看表象了。你們看一下圖7。」

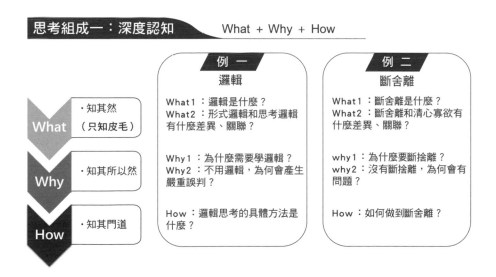

圖7　思考組成一：深度認知

「再以前幾年流行的『斷捨離』為例，如果只想當作社交聊天的話題，知道字面含義（What 1）就行了。但如果想弄清楚這個概念，就要區別相近概念，比如，『斷捨離』和『清心寡欲』的差異、關聯（What 2）。如果還想再進一步，就要再瞭解 Why 1（為什麼要斷捨離？），以及 Why 2（沒有斷捨離，為什麼會有影響？）。如果真的想達到斷捨離的目標，就還需要清楚 How（有效方法）。」

貓頭鷹接著說：「如果只理解『邏輯』的字面意思：準則、規律，那就只有認知（What 1），就是只知道皮毛。生活中，我們學了很多知識，很多知識其實我們都只是知道 What 1，也就只能當作聊天閒談而已；也因為還不清楚 Why、How，別人如果多問幾句，就會被問倒了。」

「然而，邏輯是要用來引導思考的，所以除了認知『邏輯』是準則的含義（What 1），還要理解：形式邏輯、思考邏輯、思考模型有什麼差異和關聯（What 2）？為什麼需要邏輯（Why 1）？不用邏輯思考，為什麼會產生偏差判斷、推理（Why 2）？以及邏輯思考的具體、有效方法（How）。」

「也就是說，如果知其然（What），又知其所以然（Why），還知其門道（How），就是『深度認知』，而不再是只知皮毛（What）。」

黑狗一聽完就接著說：「所以，我們應該把有限的時間和精力，盡量投資在重要知識和關鍵能力上，避免只知道皮毛。」

貓頭鷹點點頭：「沒錯。從表面的 What 深入到 Why，再到 How，可以引導我們逐漸深度認知，就能避免只知皮毛，後續的判斷、推理的決策和行動，也才不會隨之偏誤。」

「那麼，如果明白邏輯思考很重要，卻還不知道 How，該怎麼辦呢？就要自己建立融會貫通的『知識體系』，或者向已經建立『知識體系』的老師學習。自己搭建重要知識的『知識體系』要花費很多時間、精力，不但必須參考、運用很多前輩的研究成果，更要有融會貫通知識的思考力，也就是能夠活用邏輯思考力。」

烏龜問：「前輩，判斷、推理這兩種思考都是處理已有的訊息，也都會產生結論，兩者看起來很像，關鍵差別是什麼？」

貓頭鷹說：「做菜所用的各種食材、配料、佐料，就好像思考所用的各種訊息、道理、知識、經驗等等。判斷在於判斷訊息『本身』，就像判斷食材本身是好是壞，而且做出的結論不是肯定就是否定。推理則是要運用可靠訊息、正確道理來推導出新的合理結論，就像運用好的食材做出美食一樣。你們再看一看圖 8。」

「如果遵照邏輯，判斷、推理就成為邏輯判斷、邏輯推理。生活中的邏輯判斷，主要運用於判斷訊息真假、道理對錯。在邏輯推理前應先邏輯判斷：所運用的訊息是真、是假？道理是對、是錯？合乎邏輯判斷的訊息、道理，才能做為邏輯推理的基本論據。」

「活用邏輯推理可以推理出有『充足理由』的『新』結論，也

就是合理、正確的結論，在生活中的運用範圍更廣，也可以應對更複雜的思考情境，比如邏輯說服、正確選擇、根除問題、開發產品、活用知識等等。你們再來看一下圖9所示。」

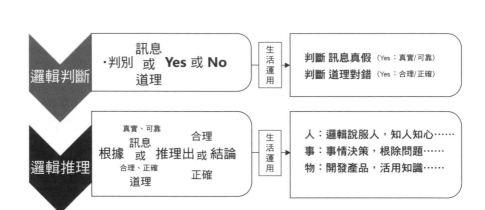

圖8　思考組成二、三：判斷、推理

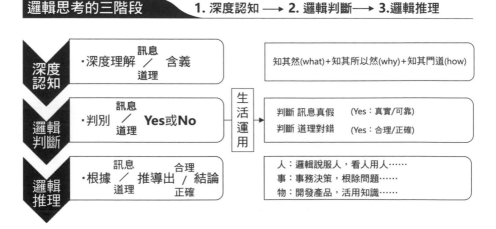

圖9　邏輯思考的三階段

　　「思考的三大組成是認知、判斷、推理，邏輯思考則包含深度認知、邏輯判斷和邏輯推理。請你們先理解這張圖所表達的框架概念，之後我會詳細說明具體方法。」

　　鸚鵡仔細看了圖，略為思索後，提出疑問：「前輩，人類天生就會思考，為什麼我們許多人卻不會邏輯思考呢？」

　　貓頭鷹看著鸚鵡，點頭微笑說：「嗯，你這個問題非常好。人類的確天生就會思考，但邏輯思考卻不是天生就會的，就像人人都會用演繹法、歸納法來推理，但多數不符合邏輯。關鍵原因是邏輯思考要融會貫通邏輯準則，來引導天生就會的思考，才能在 AI 科技時代的複雜世界中，逐漸培養邏輯思考力，從而創造高價值。」

　　烏龜聽了以後，感慨地說：「確實啊，現在新概念和新知識不斷出現，通常都挺抽象又複雜，而且不論是職場工作、公司經營、投資理財，還是小孩教育，新的變化也越來越多。我之前學的那些思維模型，早已經無法適應這些快速變化了，搞得我在面對許多新問題的時候也很迷茫，都不知道如何思考和解決。我真的很需要一種能融會貫通的邏輯思考方法，幫助我更正確地應對現在這個多變的複雜環境。」

　　聽完烏龜的分享，貓頭鷹說：「烏龜的話很有道理。用知識體系來看就會發現，許多教不同重要知識的老師並沒有融會貫通相關知識，也就沒有建立起知識體系，往往只是根據片面、部分知識在

教導。」

「舉例來說，同一本《聖經》或同一套佛法，只因為不同老師的詮釋差異分化成許多教派，教導上的差異還挺大的，這就是因為沒有融會貫通，只是各取部分、片面來教。同樣道理，雖然都是邏輯思考，如果老師沒有融會貫通，當然也就『一人一把號，各吹各的調』了。」

烏龜恍然大悟地說：「嗯，以前我去聽一位大師講課，課後我特地請教他一個問題，結果他回答我『只可意會不可言傳』。以前我以為是自己慧根不夠，現在覺得可能是大師回答不出，所以這樣說。」

貓頭鷹聽完微笑著說：「很多知識非常專業，想融會貫通的確要花不少時間和精力。我也有很多知識不懂，或是只知皮毛，但要勇敢、誠實地承認，不懂裝懂的老師，就會誤人子弟了。你們再看看圖10。」

「結合、對照思考的三大組成——認知、判斷、推理和邏輯思考、價值觀思考，就是這張圖。相對於客觀的邏輯判斷，如果習慣價值觀思考，在價值觀的強烈影響下，判斷就會成為主觀、非理性的價值觀判斷，甚至是情緒化、立場化的偏見。選舉時，這種現象尤其明顯，但其實平日生活中也很常見，只是很多人察覺不到。」

「相對於客觀的邏輯推理，如果習慣價值觀思考，推理就會在價

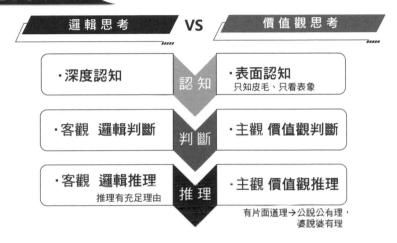

圖10　「邏輯思考」VS「價值觀思考」差異

值觀的強烈影響下，成為非理性的『價值觀推理』，也就是『先射箭，再畫靶』，當然只會有主觀的『片面道理』，導致『公說公有理，婆說婆有理』的現象。」

　　貓頭鷹接著說：「另外，如果只按照自己的經驗來判斷或推理，就會成為經驗判斷、經驗推理了，往往會簡單地直接套用經驗，無法適應環境、時代的變化。比如，父親根據自己過去經驗，認為以前自己當醫生有錢、有地位、有名聲，可能就希望兒子也去考醫學院，卻忽略了其他關鍵要素。」

　　黑狗一邊聽一邊思索，似乎有些領悟了：「前輩，這樣看來，價值觀、經驗和邏輯，都是引導思考的準則，只是經驗、價值觀屬

於個人的主觀準則，不夠客觀、理性，也往往是二維的表面思維，而邏輯則是大家普遍認同的客觀準則，而且是四維的。」

　　貓頭鷹微笑著說：「嗯，你有領悟到關鍵了。我們再來看看，古人傳承下來的『思想類』知識，主要是以何種思考方式產生的？我先舉個實例。1884 年，康有為獲得一台 300 倍的顯微鏡，連續好幾天，他像小孩子得到渴望很久的新玩具一樣，抓到什麼看什麼。水中的蠕蟲、地上的螞蟻這些小東西，在顯微鏡裡看起來變得很大，讓他由此悟出了『大小齊同之理』。我們來看看圖 11。」

圖11　初級思維模型一

　　「康有為從顯微鏡看到的事物和現象，聯想、類比相似事物和現象，再歸納出新結論。這是古人常用的思考方式之一，也是現今我們許多人常用的、簡單的初級思維模型。」

　　「康有為這種思考方式是『廣義哲學』嗎？可以說是，但這種廣義哲學誰都可以說出不少。比如站在高樓上，看到人像螞蟻一樣渺小，又腳不停歇地匆匆而行，是不是也容易聯想、類比到人生的某種情境？再『歸納』一下，也就生出一種人生道理了。」

　　貓頭鷹繼續說：「問題是，這種廣義哲學往往只有片面道理，也就會『公說公有理，婆說婆有理』。意思是，你我看到的雖然是『同一件事物』，卻會因為不同的『聯想、類比和歸納』而產生『不同的結論』。所以你可以說出有道理的人生哲理，我也可以說出另一套和你不同的廣義哲學，你我兩者不但不同，可能彼此矛盾不說，還很可能也與常理矛盾。為什麼會這樣？因為這種思考方式並沒有遵循邏輯，只是遵循自己的道理。」

　　黑狗接著表達他的看法：「前輩，你這樣說，讓我想到知名的莊子和惠子的故事：莊子說：『魚出遊從容，是魚之樂也。』惠子說：『子非魚，安知魚之樂？』莊子說：『儵子非我，安知我不知魚之樂？』即使是大思想家莊子和惠子，也和我們生活中常見的一樣各說各話，『莊子說莊子有理，惠子說惠子有理』。」

　　貓頭鷹微笑說：「這例子舉得非常好。如果不知道邏輯上要有『充足道理』，才是真正合理、正確，很可能因為自己有了『片面、部分』道理，就認為自己是對的。北京清華大學科學史的系主任吳國盛教授在《科學簡史》裡說：『中國文化裡大量充斥著聯想、類

比思維，比如中醫就有很多藥理，就是聯想、類比思維的產物。就像穿山甲擁有絕佳的挖掘洞（穴）技術，而打洞技能與中藥裡『活血通路』的概念相似，因此中藥以穿山甲入藥，希望像牠一樣能疏通筋脈。中醫裡的『以形補形』、『吃什補什麼』，也是聯想、類比思維下的產物，卻違背了科學和現代醫學。」

　　貓頭鷹繼續侃侃而談：「相對地，法院中的陪審員或國民法官，只要善用『邏輯＋常理』，就能客觀、公正地判別控方、辯方『誰合理』。同樣的，生活中也要運用『邏輯＋常理』，才能客觀、公正地評判出『誰合理』。」

　　「科學之所以受到普遍信賴，是因為科學有『理論證明＋實驗證明』，而理論證明就是狹義邏輯的證明。愛因斯坦的『相對論』，就是用狹義的精密邏輯推導、證明，後來再經其他科學家以實驗證明為真。這就是邏輯的重要性和巨大價值。」

　　貓頭鷹接著說：「我再說個比喻。如果有人開車不遵循『共同的交通規則』，只按照他『自己的道理』開車，就會經常和別人擦撞甚至對撞，更不用說違規了，但他還是可能認為別人、員警沒道理。這像不像我們在思考、交流時的實際情況？是不是就像黑狗說的例子——『莊子說莊子有理，惠子說惠子有理』？大多數人的思維，都是遵循自己的價值觀，或是自己的經驗、道理，甚至是胡思亂想，並沒有遵照『邏輯＋常理』，這就是許多人思考混亂、以偏概全，

因此溝通不良、甚至雞同鴨講的關鍵原因。」

「再來看看網上的許多留言。看到同一件新聞事件，或者同一位政治人物所講的同一句話，大多數人都會受到自我價值觀或個人經驗的影響，產生不同的聯想、類比，再歸納出截然不同的結論，有時還吵翻了天。這證明絕大多數人都是價值觀思考的受害者，沒有遵照『邏輯』來慎思明辨，違反『常理』而不自知。」

稍停一會後，貓頭鷹才又往下說：「古人常用的另一種思維，就是『分、合』。就像如圖 12 所示。」

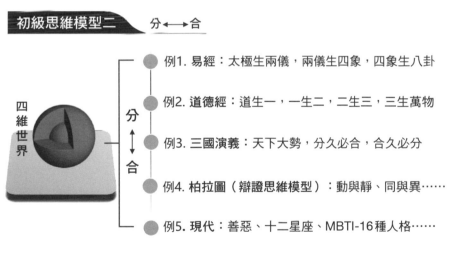

初級思維模型二　　分 ←→ 合

四維世界

分 ↕ 合

● 例1. 易經：太極生兩儀，兩儀生四象，四象生八卦

● 例2. 道德經：道生一，一生二，二生三，三生萬物

● 例3. 三國演義：天下大勢，分久必合，合久必分

● 例4. 柏拉圖（辯證思維模型）：動與靜、同與異……

● 例5. 現代：善惡、十二星座、MBTI-16種人格……

圖12　初級思維模型二

「《易經》的『太極生兩儀，兩儀生四象，四象生八卦』，《道德經》的『道生一，一生二，二生三，三生萬物』，柏拉圖所用的辯證思維模型等等。古人這種『分、合』的思考方式，本質上就是架構思考、心智圖的思考模型，也是我們生活中常用的初級思維，例如，人分善惡、十二星座、十二生肖。只是許多人可能不一定有遵循嚴謹的 MECE 原則：相互獨立，完全窮盡。」

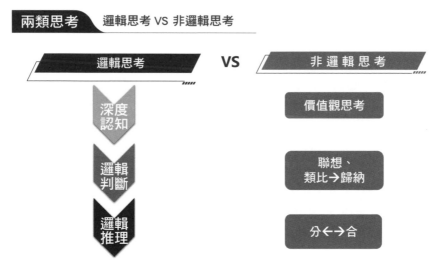

圖 13　「邏輯思考」VS「非邏輯思考」的差異

大家都看完圖 13，貓頭鷹才又開口：「思考可以分成兩大類：邏輯思考和非邏輯思考。圖的左半部，就是我們四維世界的邏輯思考，包含深度認知、邏輯判斷、邏輯推理。剛才講的兩種初級的思

維模型，以及價值觀思考等，都屬於非邏輯思考。」

「非邏輯思考的思維模型，在低訊息量的農業時代，確實足以應對生活中的情況和問題。然而，現今的科技時代，不論初級思維模型或『價值觀思考』，都早已無法應對複雜環境和繁多訊息，往往分辨不了似真還假的訊息，判斷不了似是而非、昨是今非的道理，更難以處理複雜的問題，也無法看清複雜事務的本質。」

「古希臘哲學的特點之一，就是不斷縱深追問，持續追究終極，因而創立了狹義的『形式邏輯』，也因此而逐漸發展出現代科學。所以，愛因斯坦說：『我並沒有什麼特殊的才能，只不過是喜歡尋根問底地追究問題罷了。』」

「形式邏輯和科學，逐漸深入思考到終極的第一因。生活中的廣義『思考邏輯』，則要深入思考到三維本體的『本質四因』，再加上時間流變的因素，就成為與四維世界契合的『四維邏輯』了。今天先分享到這裡，之後我還會深入地講清楚邏輯思考的知識體系和具體方法。」

「烏龜聽完以後，感慨地說：「前輩，謝謝您把思考的相關知識，深入淺出地講清楚，還讓我們認識到常用的初級思維、價值觀思考和邏輯思考，它們之間的巨大差距。」

鸚鵡笑著說：「前輩，您把思考講得清楚又完整，我不但聽得懂，也不吃力，而且還挺有意思的，真好。」

貓頭鷹笑著說：「嗯，我們一起來探索邏輯思考的遊戲，學好「邏輯思考」，就能提升收入、成就和幸福。」

第五章

騙子最會講道理
——扭曲你邏輯思考的「片面」陷阱

　　這一週，黑狗和鸚鵡仿佛開啟了一段新的戀情。

　　週末約會時，兩人不再只沉浸在輕鬆的閒聊和八卦，還會交流貓頭鷹前輩所傳授的知識和方法。鸚鵡這個本不喜歡動腦的美女，自嘲地說自己大學時選擇念商科，就是因為不喜歡數學、物理。然而，貓頭鷹前輩教導的內容和方式卻讓她眼前一亮，發現原來學習思考也可以如此生活化和有意思。

　　黑狗笑著附和道：「是啊。以前雖然知道邏輯思考力很重要，但因為沒有好用的具體方法，很多老師多是灌輸式的教導，舉的例子也常常脫離現實生活，就覺得學習邏輯思考像在寫學校作業一樣，是件枯燥又燒腦的事情。如今在貓頭鷹前輩的引導下，才感受到學習邏輯思考好像在玩探秘的遊戲。」

　　說完，兩人相視一笑，鸚鵡還獻上一個深情的吻。

聚會開始後，鸚鵡興致勃勃地搶先分享她思考後的感悟：「你們聽我說，這禮拜我真的領悟了好多！首先，我發現即使我和同事在討論公事，其實我們都不是在用邏輯思考，所以往往以偏概全，難怪開會總是各說各話，很難有共識。上次聽了前輩的解釋我才明白，雖說觀點沒有對錯，其實我們心裡都自認為是對的，而且根本就不曉得如何用邏輯思考來判別誰對誰錯。前輩的清楚教導，更正了我以前對邏輯思考的錯誤認知。」

黑狗默默地揉了揉額頭，整理一下自己的想法，然後說：「我想起之前向表哥請教問題的解決之道時，表哥也沒有給出明確的解決方案。那時，我才開始懷疑自己原本以為的經驗不足，可能並不是問題的全部答案。直到上週聽完前輩的教導後，我才逐漸覺察，自己沒有真正掌握邏輯思考，才是問題的根源。」

他繼續說：「以前工作中的事，能夠處理好事情主要都是根據經驗，但一遇到新的情況就會不知所措，也就處理不好了。這也是為什麼那些重大問題深深困擾著我──因為別人的經驗無法直接套用在我身上。」

貓頭鷹微笑著開口說：「聽完大家的分享，我感到非常欣慰。你們願意面對自己的不足，勇敢地承認自己的錯誤，實在不容易。誠實面對自己的不足，主動尋求進步，是我們成長的關鍵。每個人都會有自身的局限和錯誤，我也有很多的無知和不足，所以我也是

不斷學習，努力修煉。」

「相信你們已經意識到了，非邏輯的初級思考模型和價值觀思考會產生許多問題。所以，今天我們就要一步步地深入探討邏輯的概念，以及邏輯思考的含義。」

鸚鵡拍了拍手，開心地說：「嗯，來了，來了，重頭戲終於要上演了。」

貓頭鷹微笑著說：「就像之前你們誤以為『有道理就是合邏輯』，很多人也以為邏輯就是道理、道理就是邏輯，所以才會說『按你的邏輯……，照他的邏輯……』。然而，邏輯就像交通規則一樣，兩者都是大家普遍認同的準則，所以我們不會說『按你的交通規則……，照我的交通規則……』。因此，邏輯當然不等同道理。」

鸚鵡接著說：「是啊，我們平常講話時，也常常會說『這件事的邏輯……』，原來這樣講是有語病的，是因為誤解了『邏輯』的真正含義。」

貓頭鷹點了點頭：「生活中，大家討論同一件事時，最終目的是想要尋求『充足道理』，而不是只要有片面道理就好，比如騙子常說一些似是而非的『片面道理』來混淆思考。大多數人自認為的『有道理』，往往只有自己的『片面道理』，按邏輯來說，合理性就不充足，也就是不符合『充足理由』的邏輯準則，就會導致『公說公有理，婆說婆有理』的現象不斷發生。」

　　烏龜趁機提出一個困擾他很久的問題：「前輩，『公說公有理，婆說婆有理』的現象有沒有辦法避免？每次在公司開會，或者和我老婆、孩子討論事情時，這種現象都會不斷發生，真令人頭痛。」

　　貓頭鷹說：「烏龜，你的問題問到了關鍵。你們看圖14。」

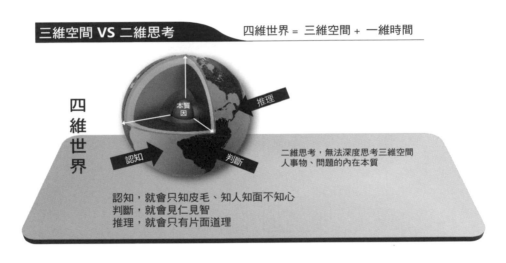

圖14　二維思考的盲點

　　「我們生活在由三維空間和一維時間構成的四維世界，三維空間的人、事、物會隨著時間產生變化。然而，多數人卻在四維世界使用眼見為實式的二維思考，這種思考方式就像只會拼平面的拼圖、卻不會堆立體的積木的小孩，誤將立體的球看成平面的圓，無法正確認知、判斷、推理。即使從不同角度、立場去思考人、事、物、問題，二維思考最多只能看見不同的局部表象，導致在認知上只知

皮毛，在識人上只知面不知心，在判斷上就會見仁見智，推理也就只有『片面道理』。二維思考的思維的盲點就像成語『瞎子摸象』——因為多數人仍用二維思考看待人、事、物，導致在判斷及決策時看不到事情的內在本質。」

「舉例來說，中醫的以形補形（吃腦補腦），就是二維思考的典型代表，中醫根據藥材表象就進行聯想、推論其功效。而科學和現代醫學，則是深入探究眼睛看不見的本質（深度認知食物、藥物的本質），進一步發現藥材的真正功效和價值，突破二維思考的迷思，如此才能有效避免停留在表層的二維思考。」

貓頭鷹繼續說：「因此，我們不但要學會深入思考本質，還要清楚內在本質和外在表象的關聯，才能看清內外全貌和真相。看人，就能知人知心；處理事情、問題，就能對症下藥而根除問題；表達，就會有充足道理。具體的有效方法，就是練習『三維邏輯思考』。

烏龜問：「前輩，您剛才不是說我們不是生活在四維世界嗎？為什麼我們不是練習『四維邏輯思考』？」

貓頭鷹露出滿意的表情回答：「您問得很好，您說得沒錯，只運用三維邏輯思考仍不足以應對生活中可能出現的所有問題，因為我們三維空間的人事物會隨著時間產生變化，因此我們還必須掌握『超維邏輯思考』。至於『超維邏輯思考』是什麼？為什麼需要了解『超維邏輯思考』？該如何練習？後面我們會逐步說明。但在了解『超

維邏輯思考』之前，我們需要練習三維邏輯思考，因為三維邏輯包含在『超維邏輯』之內。當我們掌握三維邏輯思考後，才能更好掌握『超維邏輯思考』。」

聽完這段話，烏龜很開心地看著貓頭鷹說：「前輩，謝謝您解開這個一直困擾我的難題。我之前想這個問題想了好久，一直沒摸著頭緒，更沒想到解決這難題的有效方法，真是太好了。」

貓頭鷹很欣慰地看著三人說：「另外，我們常會說『你這樣不合常理』，或者說『按常理來說，應該……』。邏輯所運用的『常理』，是大家『普遍認同』的道理，所以不需再證實，就可以做為符合可靠性的『基本論據』，也可用來檢視其他訊息、道理。」

「因此，我們運用『邏輯＋常理』才能推導出『充足道理』的結論，也就不會只有自己的片面道理，卻還自認為有理。常理就像大家普遍認同的公道伯，也就是讓公道伯來評評理。相對地，如果在交流時堅持自己主觀的道理、價值觀，就很難有理性的共識了。」

「總而言之，如果沒有『充足道理』，儘管有『片面道理』，按邏輯、常理來說就是歪理，換句話說，就是沒（充足）道理，我們一般也會稱為不合理、不對。」

貓頭鷹停頓了一下，確定三人都聽懂了才繼續往下說：「常理分為一般常理和專業常理。所謂一般常理，指的是日常生活中大家普遍接受的一般性常識和原則，例如，科學（萬有引力）、道德（近

親不通婚）、社會習俗（走路靠右或靠左）、事實經驗（人有良心）。至於專業常理，則指特定領域所適用的常識和原則，比如法律界的『不溯既往』、『一罪不兩罰』等等。」

「個人或少數人的經歷，即使是真實的，也不是常理，因為只是少數個案。比如，某位大師上次算命的結果很準，就不能做為常理般的基本論據來使用，因為其真實性、合理性都未經過邏輯驗證，也未經大家普遍認同。很多人在討論事情或道理時，往往把個人經驗、主觀感受直接做為基本論據來使用，就變得很沒有邏輯說服力，可能還奇怪別人為何不相信——原因就是因為聽起來『不合常理』。」

「當然，常理也會隨著空間、時間而變化。比如，在日本、英國開車靠左是常理，但在多數國家就不是了。男女不平等的三從四德，是舊時代的常理，但早被現代文明的男女平等（常理）淘汰了。」

黑狗緊接著說：「前輩，我懂了。我們自己思考、表達的道理，如果符合『邏輯＋常理』，才會有『充足道理』，才是合理、正確，而不是我們原先以為的『有道理就是合邏輯』，或是有道理就是對的，因為我們的道理很可能只是自己的『片面道理』，甚至是歪理。」

鸚鵡也略有領悟地說：「前輩，照您的解釋，我們也應該運用『邏輯＋常理』去檢視專家、學者的話。因為我常看到，不同的人分別舉不同專家的言論，或是拿不同的統計資料，想要說服對方自己的

話才有道理，但最後還是各說各話，甚至彼此覺得不可理喻。」

烏龜也分享了自己的領悟：「價值觀思考和不同的初級思考方法，往往使我們只有片面道理，而每個騙子的話都有片面道理，所以我們要學會邏輯思考，使我們的思考遵照『邏輯＋常理』，就會有充足道理了，也才真正合理、正確，避免『公說公有理，婆說婆有理』。」

貓頭鷹不斷點頭微笑，這時才說：「你們分享得很好。我們常說的似是而非的道理，就是在某個層面、角度有片面道理，實際上卻沒有充足道理，騙子的話是一種，有些專家的話也是如此，更不要說我們自己很可能也常常如此，只是沒有自知之明。所以，運用客觀、理性的邏輯思考，不但可以判斷似是而非的道理，更可以推理出有『充足道理』的結論，也就能引導不同價值觀的人，做出同樣的理性判斷或推論，創造出高價值。這就是邏輯思考力的價值和重要性。說到這裡，先來正本清源一下好了——邏輯到底是什麼碗糕？」

停下來喝了口咖啡後，貓頭鷹才又繼續說：「邏輯的字面意義是準則、規律，最早指的是亞里斯多德集大成後首創的狹義『形式邏輯』，它是研究『有效推理的形式』所使用的準則，只含演繹法，不包括歸納法，運用於狹義哲學和科學領域。演繹法是從普遍推理到個別，比如「三段論」（Syllogism）：人需要空氣，我是人，所以

我需要空氣。歸納法是從個別推理到普遍，比如德國、瑞士、英國的天鵝是白色，所以天鵝都是白色，我用圖 15 來說明會更好理解。」

「現今我們一般所說的『邏輯』，已不是指狹義的『形式邏輯』，

「邏輯」到底是什麼？

（狹義）
形式邏輯
只含演繹法，不含歸納法
用於狹義哲學、科學

（廣義）
思考邏輯
包含演繹和歸納法
用於日常思考

邏輯 ≠ 道理　「邏輯思考」即是運用「邏輯＋常理」引導「思考」，創造高價值。

圖 15　「邏輯」到底是什麼？

而是廣義的『思考邏輯』，是適用於生活中的一些思考準則，而且包括了歸納法。大學所教的《邏輯論》，主要是（狹義）的『形式邏輯』，不是生活中（廣義）的『思考邏輯』，兩者有緊密關聯，但也有很大不同。簡而言之，邏輯思考就是用『邏輯＋常理』來引導思考，就能創造高價值；就像用『交規＋常理』來引導每個人開車，就能平安順利一樣。」

「西方文明採用定義（明確認知）和前提（假設），再按照『邏

輯＋常理』來推理，就可以得出合乎『邏輯通洽』的結論，也因此發展成現代的科學文明，這是西方國家在各種創新和前沿科學持續領先的核心原因之一。」

　　貓頭鷹接著說：「如果缺乏『共同交通規則』，每個人開車就都只會按照自己的規則行駛，可想而知交通會混亂不已。同樣地，如果缺乏邏輯的共同準則，每個人的思維就也都會按照自己的價值觀、經驗、道理，經常會和別人產生衝突，人人還都自認有理，卻不知道已經違背邏輯，或已經和常理有矛盾了。我們從小就生活在缺乏邏輯教育下，所以思考往往偏向主觀、非理性、缺少邏輯，不少人甚至會出現非常情緒化與過度偏激的極端情況，產生很多本來可以避免的誤會、磨擦與衝突，讓自己與社會都付出了非常多不必要的額外成本和代價。」

　　「回顧歷史，2300 年前，和孟子同一時代的歐幾里德，就寫出《幾何原本》，運用 5 公設＋5 公理，演繹出 48 項定理，476 項命題，至今還在教學、使用。中華文化缺乏邏輯準則，因此中華文化的傳統思維方式，是一種碎片化的非邏輯思維，在訊息量較低的農業時代問題不大，也曾發展出璀璨的古代文明，在人文思想、文學、藝術和技術等方面都取得了令人讚歎的成就，但唯獨缺乏科學——因為科學的基礎是狹義邏輯。」

　　「隨著工業文明的興起，中華文明迅速被古希臘的邏輯所進化

成的西方科學文明超越。因此，諾貝爾物理獎得主楊振寧博士也指出：『近代西方科學迅速發展，而傳統的中華思想卻遠遠跟不上，其中一個關鍵原因，就是中華文化缺乏像歐幾里德那樣嚴密的邏輯思維。』」

三人聽得入迷，他們從未想過，思考方法對個人、國家和文明的影響，居然如此廣泛、深遠且巨大。

貓頭鷹看著烏龜、黑狗和鸚鵡，發現他們都在專心聆聽，於是繼續分享自己的見解：「既然說到這裡，我們再結合一段近代歷史來聊聊。你們都知道，1840 年的鴉片戰爭打開了清朝的鎖國，隨後的改革思維和方向，歷經了上百年的數次大轉變。一開始是學習西方的『技術』。後來發現這樣還是不行，就進一步學習西方的憲法、共和『制度』。後來，又學習西方的科學和民主『知識』，而且梳理傳統思想。總而言之，清末開始的改革方向，是先從學習技術到學習制度，最後到學習知識和思想。」

貓頭鷹又接著說道：「無論學習的是技術、制度還是知識，直接拿別人的東西來運用總是比較簡單也比較快。在那個時代，這樣的方式是合理的，就像小學生，只有能力學習老師所教的東西。」

「但直至現代，不論學習的是知識、制度，還是思想、文化，如果不善於邏輯思考，就只能繼續套用別人的東西，不知道哪些關鍵要素彼此不同，也不知道要如何適當地調整，就會產生水土不服、

效果不彰的結果。」

　　聽到這裡，烏龜沉思了一下說：「是啊，我們都經常目睹這種情況。照搬外國的模式或制度，往往跟我們的制度、文化，或者實際環境不相容，但因為根本不理解它背後的脈絡，所以也不知道怎麼調整。」

　　黑狗則感慨地附和說：「我們公司經常只是照搬別人的做法，不會按自己的優點和缺點來調整，結果就變成了東施效顰，效果就差得很遠。」

　　鸚鵡微笑著補充：「就好比我閨蜜推薦她減肥成功的方法給我，我一模一樣地照做，結果就是差強人意。」

　　貓頭鷹點了點頭：「嗯，你們說得很好。再舉一個例子，台灣長期積極推動教育改革，引入外國的教學理念、教學方法和內容，但如果能進一步結合自己的文化、制度和實際情況，來做策略性的調整，才能達到預期的效果和目標。近幾年教育界主推知識、態度和能力的『素養教育』，相比傳統教育的『灌輸知識』，教育理念確實有很大的進步。但是，如果沒有培養關鍵態度和核心能力的有效方法，結果就還是只教知識，或者只能培養某些技能，比如簡報表達、演講、程式設計、AI 應用，而不能真正培養出學生需要的態度和能力，學生就會缺乏愛因斯坦所說的核心能力——思考力。如果你們還分不清楚技能與核心能力的差別和關係，可以來看看如圖

16 所示。

　　我們應該要在自己身、心、靈的潛能質特質上，發掘、培養出

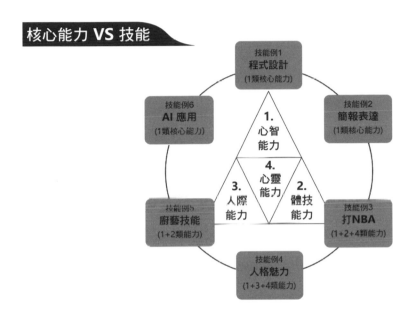

圖16　「核心能力」VS「技能」的差異

自己的『核心能力』，再加上相應的知識和實踐，就能發展出各種
相關『技能』。核心能力包括心智能力、體技能力、人際能力和心
靈能力。」

　　「愛因斯坦所說的思考力就屬於心智能力，工作上所需具備的
『技能』，如 AI 應用、程式設計、簡報表達，其『核心能力』就是
心智能力。」

　　「如果以現在的科技時代趨勢來說明會更清楚，2013 年，牛津大學研究全球 702 種職業，推論出將有 47％的職業，在 20 年內面臨消失的風險。2022 年 11 月，Chat GPT 橫空出世，職業種類淘汰更新的速度將更快。隨著時間的推移，Windows 應用『技能』已經逐漸成為基本技能，其價值也因此而逐漸降低。現在，AI 應用『技能』開始嶄露頭角，但其價值趨勢也如同 Windows 應用技能一樣，開高走低，因為『技能』的價值會隨著職業和環境波動，但『核心能力』的高價值則是不變的，而且可以運用在多方面。所以，Open AI 的 CEO 山姆‧哈里斯‧阿特曼（Samuel Harris Altman）在受訪時建議，在 AI 時代，孩子要學會思考力和創新力，兩者都是核心的『心智能力』，而不是『技能』。」

　　「心靈能力的力量最大，種類也多，有些需要去發掘，比如興趣；有些可以訓練，比如毅力、上進心。自信心也很重要，但它是能力的副產品，如果培養出優秀的核心能力、技能，自然就會逐漸生成自信心。」

　　「溝通『技能』如果要很好，除了需要溝通技巧外，還需要有一定的思考力、人際能力和心靈能力作為基礎。很多人都看重能賺錢的工作『技能』，花很多時間和精力去學習，可是技能裡面的『核心能力』才更重要、更有價值，對於提高收入、成就和幸福來說更關鍵。」

「創始人、CEO、思想家、科學家、導演、設計師更需要的是『核心能力』。台灣的教育較為注重灌輸知識、培養『技能』，卻沒有培養出學生的『核心能力』。相對地，激發學習興趣、發掘學生不同天分，以及培養學生的『核心能力』，則是以色列和歐美教育成功的關鍵。」

黑狗看了看圖，有點疑惑地問：「前輩，這幾種核心能力，是不是組合變化一下，就可以形成各種不同情境下的技能呢？」

貓頭鷹點了點頭說：「對呀。比如說，心智能力的邏輯思考力，再加上相應的知識和實踐，就能發展出很多『技能』，比如說簡報表達、正確決策、根除問題、活用知識等等。如果能夠活用邏輯思考，頭腦也會很靈活，創新能力還會大幅提升，所以我們時常看到國外有很多腦洞大開的創新產品或設計。」

黑狗認真思索後說：「看起來，要真正成長，要創造高價值，知識不再是關鍵，因為大部分知識都可以通過 AI 高效地獲取，反而培養我們自己的『邏輯思考力』才是關鍵。」

貓頭鷹笑著說：「看來你們今天都有相當的領悟了。回去後再多想想今天的內容，下次來分享，就可以教學相長了。」

鸚鵡點頭附和：「是的，我們才剛剛開始學習，還有很多要思考、消化的。」

貓頭鷹微笑著看著他們，感受著他們的積極態度和學習的熱情。

他知道，這三個年輕人正處於思考人生、發展未來的關鍵階段，希望通過邏輯思考的訓練，能夠幫助他們更好地面對各種挑戰，更有能力去提升收入、成就和幸福。

第六章

思考的岔路，流沙遍布
——「邏輯」是行走四維世界的「Google Map」

在上次聚會後，烏龜仿佛被帶進了一個全新又有序的思維世界，心裡有一股莫名的興奮。

如何根本地解決、避免「公說公有理，婆說婆有理」這個問題，已經困擾他很久了。不論在公司主持會議，或是和個別經理討論項目計畫，還是跟老婆討論家裡事情的時候，這種現象一次又一次地不斷發生，不但造成很高的溝通成本，也因為表達和理解的誤差，使得計畫執行產生偏誤，造成公司管理產生許多不必要的問題和成本，也常常導致家人間的誤解或爭吵，耗損了彼此的感情。

上次交流中，貓頭鷹前輩不但講明白了根本原因，還提出了根本的解決方案，所以讓位居大公司總經理的烏龜興奮不已。於是，他打算約黑狗和鸚鵡一起吃頓飯，分享他的領悟和感受。

在一個舒適的餐廳裡，烏龜抬起頭，微笑著看向黑狗，問道：「黑

狗，最近你的心情怎麼樣？」

　　黑狗燦爛地笑著說：「表哥，你知道嗎？我最近都忘記焦慮了。一直照著前輩所指導的方法繼續做，有空時，我不再思考以前困擾我的重要問題，而是思考每次在前輩那裡所學到的東西，也就忘記焦慮了。我相信，如果我和前輩學會邏輯思考力以後，那些造成我困擾、焦慮的重大問題，就有能力自己解決了。」

　　烏龜聽了後，笑著說：「哈哈，我跟你一樣。開始向前輩學習以後，很自然就會去思考前輩所講的內容。以前我自認為能夠善用邏輯思考，但經過前輩清楚又深入的解釋，我才知道自己邏輯思考力不足，很多事只是根據經驗來處理，難怪我越來越覺得跟不上 AI 時代。」

　　「還好有福氣可以跟前輩學習邏輯思考，不但沒壓力，還很有意思。而且，我發覺它真的很重要。學好學滿以後，我還要教公司各部門的經理，再逐步推行到全公司，溝通和執行成本就可以降低很多，公司的管理效率和經營績效也會提升不少。」

　　鸚鵡興致勃勃地接著說：「是啊，上次前輩說的二維思維所造成的各說各話現象，我有一次很深刻的經歷。我有一位閨蜜，她和老公要買車，約我陪他們一起去看車。到了展示間，我閨蜜一眼就看中了一輛漂亮的車款，但她老公說『這車不好，我們去看其他車。』我閨蜜一聽就不高興地說：『這車怎麼不好啊？這車很好啊，我很

喜歡啊。』結果，兩夫妻就吵起來了。」

「其實，我閨蜜所說的是那輛車的外型很好，而他老公說的是同一輛車的引擎不好，兩人談的是同一輛車的不同層面，所以就『雞同鴨講』了。這還是眼睛看得到的車子，就這麼容易產生溝通的誤會了，更何況無形的事情、問題、計畫、未來、方法，都是眼睛看不到的，每個人的思考、表達、理解的差異，不但更常發生，差異往往也更大。」

烏龜聽完，笑著說：「是啊，鸚鵡說的這件事，其實在我們自己身上也常常發生。還好，貓頭鷹前輩把邏輯思考講得清楚又易懂，引導我們進入融會貫通的邏輯思考。」

在用完餐後，黑狗三人一同開車來到貓頭鷹的辦公室。大家坐下後，貓頭鷹微笑著問三人：「你們有沒有想分享的？」

烏龜迫不及待地搶著說：「經過前輩的教導，我對邏輯思考雖然還只認識皮毛，還不知道具體要按照哪些邏輯來思考，但您上次的啟發，解答了我一個長久的困惑。同時讓我發現，事物要能深入地講清楚，才算真懂。就像前輩您這樣，能把複雜又抽象的邏輯思考，用深入又清楚的說明，還用淺出又合適的比喻，讓我們容易明白。」語氣中充滿了對貓頭鷹的欽佩和自我覺醒。

貓頭鷹聽完烏龜的分享後，欣慰地說：「回想我年輕的時候，雖然讀了一些書，其實都還是只知皮毛，卻自以為懂了，也就自以

為是了，真是慚愧。後來逐漸學會邏輯思考，多少有些領悟後，才認知到自己還有太多不懂。所以就像黑狗所說的，認知不同，感覺、反應和行動就不同，也就不再那麼自以為是了。」

很多人到了一定年紀或成就後，常常不自覺地給自己立下智慧或成功的人設，只展示自己的優點和成就，甚至特意隱藏不足之處，也常常不能接受善意的建議或批評。然而，貓頭鷹毫不掩飾地談論自己的幼稚和錯誤，這種坦率的態度，反而贏得了三人更多的尊敬和信任。

貓頭鷹喝了口咖啡，繼續說：「2022 年底一則新聞指出，台灣衛福部統計，在精神科看診的病人中，其中三分之一的病人是焦慮症，因此推估台灣每年有 200 多萬人受到焦慮困擾。就像黑狗一樣，人之所以焦慮，都是由問題的困惑升級到壓力，再進一步升高成更有感覺的焦慮。」

「走在人生的道路上，不論是職場或日常生活，都會背負不同種類的擔子。其實，沒必要的擔子就沒必要承擔，比如別人的異樣眼光、不合時代的傳統價值觀、偽裝自己、顧面子。當真逃不掉的擔子，比如生活的多種實際面，無論是事業競爭或生活各種問題，都需要明智地處理。」

「背負太多沒必要的擔子，不只會浪費很多精力、時間，也會搞得身心俱疲，很可能沒有充裕的精力和心力去面對逃不掉的擔子，

身體或心理的健康，也就容易出問題，導致台灣每年有 200 多萬人受
到焦慮症困擾。」

「邏輯思考力能夠明智地丟掉許多沒必要的擔子，讓我們輕裝
走上人生道路，還可以明智處理各種逃不掉的擔子，就不會升級成
壓力、焦慮。」

黑狗感慨地說：「前輩，您說得太有道理了，我之前就是糊塗
地背了許多沒必要的擔子，也不會處理各種逃不掉的擔子，所以才
會那麼焦慮。」

貓頭鷹笑著說：「嗯，那麼，這次我們就先來聊聊人生吧。你
們覺得人生像什麼？大家都想個比喻，描述一下。」

鸚鵡立刻興致勃勃地說：「人生嘛，就像一幅五彩斑斕的畫，
每一筆、每一點都是我們自己的選擇和經歷，有時候是明亮歡快的
顏色，有時候是深沉複雜的調性。總體來說，一幅幅的畫構成了我
們自己的人生畫冊。」

烏龜思考了一會兒，然後說：「我覺得人生就像一本厚厚的書，
每一頁都寫滿了我們的經歷、情感和思考。有時候是扣人心弦的懸
疑小說，有的時候是溫馨感人的家庭故事，每一次的翻頁，都讓我
們更加豐富和成長。」

黑狗接著說：「我覺得人生很像打遊戲，有不同的場景，要面
對變化的環境，會遇見許多困難和挑戰。我們的資源雖然有限，卻

有很大的潛能，還可以找人一起合作，勇敢地朝著目標前進，過程中還能享受驚喜和美景。」

　　貓頭鷹讚賞地說：「很好，你們每個人對人生的比喻都很有創意，這也反映了你們對人生的獨特感悟。正如你們的比喻一樣，人生確實是充滿了各種色彩，也具有不同滋味的旅程。人生和遊戲都有起點和終點，也都只有有限的資源，卻有很大的潛能，兩者的過程也很像，而且都不是一次定生死，都有多次機會，所以我很認同黑狗所說的『人生像遊戲』。」

　　「我們生活在四維世界中，人事物都是三維立體的，又都隨著時間而變化，所以在每天的生活中，我們面對的人、事、物、知識、問題都是三維再加一維的。」

　　「人生就像各種遊戲的組合，而『邏輯有如 Google Map』，可以引導我們思考，做出明智選擇、正確行動，逐漸達成美好目標。」

　　這番話，引發了黑狗三人的思考和共鳴。

　　烏龜點點頭，補充說：「沒錯，邏輯就像是我們生活中的 Google 地圖，指引我們在複雜環境中一直朝著正確方向前行，因為邏輯思考能引導我們看清本質，避免被眼見的表象誤導，也能分辨似是而非的謬誤。」

　　貓頭鷹笑了笑，語帶鼓勵地說：「嗯，就如同在遊戲中要不斷升級打怪，『邏輯思考能力』也需要不斷訓練、提升，才能從容應

對環境的複雜和變化，遇見問題能夠從根本解決，也就不會陷入生活的流沙——因為你可以思考清楚問題的根源，找出有效的解決方案，在出現問題時就根本解決掉，也就不會再逐漸升級成壓力、焦慮了。」

黑狗馬上接著說：「是啊，如果我能夠早一點和前輩學習邏輯思考，即便問題還沒有馬上解決，我至少會有足夠的自信來面對。這種自信，也能大幅減輕我的焦慮。」

鸚鵡也歡快地附和說：「是啊是啊，自信是一種超能力，它讓我們在挑戰中依然堅韌，在困境中不會放棄。但自信不是盲目、無知的自信，也不是對著鏡子說『我有自信』。雖然無形，卻是真實存在又大有力量的，而且『邏輯思考力』的附贈品就是『自信』。」

貓頭鷹繼續說：「是的，邏輯思考也能調和、貫通一些人生難題。很多人說人天性自私自利，但人天生又有惻隱之心，兩者就產生矛盾了，因此必須用邏輯思考加以調和、貫通。」

「中文的『自私自利』，很多人把兩者混為一談了。其實，自私和自利有關鍵的差異。自私是『只』顧自己，不管別人。自利是『先』照顧自己，同時在自己的能力範圍內盡力幫助別人、善待世界。『先』照顧自己的自利，並沒有違背良心中的惻隱之心，而『只』顧自己的自私，就違背了良心。」

　　「所以，我們為人處世應自利而不該自私。就像蜘蛛人說的『能力越大，責任越大』，我們都有責任幫助別人，因為我們都有能力，連小動物都可以撫慰人心，只是每個人的能力大小和能力種類不同。」

　　鸚鵡聽完後，高興地附和地說：「是的，我們應自利而不該自私，我也可以做個小小蜘蛛人，哈哈哈。」

　　貓頭鷹被可愛的鸚鵡逗笑了，接著說：「是啊是啊，我們都是小小的蜘蛛人。」

　　烏龜贊同地點了點頭，深思熟慮地說：「前輩，我有個問題，不知道會不會冒昧？」

　　貓頭鷹微笑的看著烏龜，肯定地說：「當然不會，有問題盡量問。我有把握的，才敢和你們分享，我還沒有把握的，就會直接對你們說『我還沒把握』，然後我再去思考、研究，這就是教學相長。」

　　烏龜就不再猶豫地問：「前輩，我已經知道邏輯思考很好用，也很重要。然而，它是不是也有局限？例如，佛法的經書多不勝數；《聖經》的中文版本有九十多萬字，僅僅靠『邏輯思考力』就能夠參透嗎？老實說，我有些難以置信。」

　　聽到這個問題，貓頭鷹眉梢微微上揚：「烏龜，你提出的問題非常好。有這種深思後的懷疑是對的，也是很好的，這就是孟子說的『盡信書不如無書』。」

　　貓頭鷹繼續說：「我們都知道，《相對論》是愛因斯坦先用狹義

邏輯推導、證明出來的，經過多年後，再被其他科學家用實驗證明其正確。你們想想，相對論那麼深奧難懂的科學，都能用狹義邏輯，從無到有地推導、證明出來。相對地，如果我們運用邏輯思考來融會貫通《聖經》，其實比愛因斯坦思考後推論出《相對論》容易得多很多。」

三維邏輯思考解讀《聖經》				
	本質 1 因	本質 2 ～ 4 因		外在形式
第一因 上帝創造宇宙萬物（創世紀1:1）	1.核心目的：①引導人由內而外地改變 ②最終不至滅亡反得永生 ③並在人生中有平安喜樂	2.關鍵要素	① 造物主本性 ② 人的光景 ③ 基督代死救贖 ④ 人的回應A：悔改、信耶穌 ⑤ 聖靈助人 ⑥ 成聖 ⑦ 天國永生	1. 做禮拜　2. 洗禮 3. 抄經文　4. 行善 5. 禁食　6. 苦修 7. 做事工　8. 傳福音 9. 行神跡　10. 講道
		3.有效方法	① 信耶穌（約3:16）＝ 與基督聯結（約15:5～6）注：人須改又披壞的本性，通過信耶穌（與基督聯結），從內而外改變。	外在形式的行善、愛人、傳福音……，即是內心自然流露的外顯行為
		4.正反動力	①正向動力：上帝的幫助、上帝大能的生命 ②反向動力：內心私欲、外在誘惑和逼迫	
	地基邏輯	符合他洽：《聖經》說上帝造生物是「各從其類」，生物受造後在類別中進化，所以創造和進化論不矛盾。		
		符合邏輯通洽：歐幾里德的《幾何原本》，運用第一因：5公理＋5公設，推導出48項定理，476項命題。在第一因（造物主大能創造宇宙）的大前提下，聖經中的超自然神跡，符合邏輯通洽。		

圖17　三維邏輯思考解讀《聖經》

「圖17是我用邏輯思考，融會貫通90多萬字的《聖經》，然後用三維邏輯思考來呈現。因為我們是運用邏輯思考討論《聖經》，所以我只解釋和邏輯有關的內容，不詳細說明圖裡的《聖經》經文的意涵。圖17關於本質因1～4（核心目的、關鍵要素、有效方法、正反動力）、地基邏輯、外在形式的詮釋及應用實例的介紹，之後我將會一一詳細說明。」

「萬事萬物都有起點，所以邏輯有第一因，也就是亞里斯多德說的『第一性』（First Principle），而《幾何原本》的第一因是『5公理＋5公設』，歐幾里德（Euclid）在這第一因的前提下，邏輯推導出48項定理、476項命題。」

「《聖經》的第一因寫在第一句話：起初，上帝創造諸天和大地（創世記1：1標準譯本）。宇宙即使是大爆炸產生，也不可能自己無中生有地大爆炸，宇宙也必然有第一因，如果沒有無中生有地創造宇宙，何來進化？《聖經》說是造物主創造宇宙（可能以宇宙大爆炸方式），而柏拉圖也認為世界被一位神所創造。在這第一因的前提下，《聖經》中的超自然神跡就符合邏輯了。」

「《聖經》還說：『上帝創造的萬物是『各從其類』，因此我個人認為，生物在『各從其類』的受造後，按類別進化，所以馬和驢因為『不同類』而有生殖隔離，交配而生的騾就不能生育。這種奇妙的設計，讓個別瘋狂科學家的跨物種改造人類的瘋狂計畫無法得逞。這樣解釋，就用邏輯思考成功調和並貫通了創造論和進化論，而且也有第一因的最基本前提。」

最後，貓頭鷹說：「我分享這些，一方面是回答烏龜的問題，一方面是用實際的解釋，來讓你們更加清楚邏輯思考的妙用。」

在貓頭鷹的逐步啟發下，黑狗三人更加理解「邏輯思考力」的重要和價值了，也更加鼓舞了他們堅定學習的心志。

第七章

不聽邏輯言，吃虧在眼前
——邏輯思考需要的「知識體系」

　　這個週末的家族聚餐中，一場輕鬆的戶外烤肉開始了。黑狗驕傲地將鸚鵡介紹給家族成員：「這是我女朋友鸚鵡，我們已經交往三年了。」

　　鸚鵡展現出她活潑開朗的性格，微笑著向大家問好，並且得體地與每個人交流。她迅速贏得了所有家族成員的好感，大家紛紛稱讚她年輕漂亮，又有禮貌。

　　黑狗的大姑媽戲謔地問道：「小鸚鵡，你和黑狗已經交往三年了，打算什麼時候結婚啊？」

　　三姨聽了，馬上跟著追問：「結婚後，你們打算生幾個寶寶啊？你們生的寶寶一定聰明又漂亮。」

　　長輩不但熱心催婚，還會好心地給予各種指導，告訴年輕人應該如何如何。以前黑狗會認為長輩是出於好意，而且他們經驗比較

豐富，所以就會耐心聆聽那些指導，但在向貓頭鷹前輩學習邏輯思考後，他漸漸發現，長輩常常會「好心做壞事」，總是建議晚輩走他們走過的路，直接套用他們以前的經驗，卻沒有深思過為什麼要這樣做，以及如何應對各種變化來調整，因為大多數長輩缺乏邏輯思考的能力。

實際上，相對於長輩的年代，現代社會科技變化飛快，知識日益專業，整體環境更加複雜，而許多善意的長輩，往往沒有與時俱進，許多思維仍停留在昨是今非的老觀念中。

當年輕人提出不同的見解、長輩又無法自圓其說時，常常會說這些老生常談：「薑是老的辣」、「不聽老人言，吃虧在眼前」。

因此，黑狗逐漸領悟到，不論是長輩的忠告、學校的教導，甚至傳統觀念，或是名人名言，都需要透過邏輯思考來審慎檢視，才能避免受到許多似是而非或昨是今非的偏差道理誤導或干擾。

到了交流的時刻，貓頭鷹問鸚鵡說：「鸚鵡，我問你一個問題：如果你跳槽，新公司每月準時發薪水給你，老闆還常常帶大家去聚餐、唱K。六個月後，老闆說要帶全公司免費去泰國旅遊七天，你會去嗎？」

「會啊，免費出國旅遊，還是老闆出錢，當然去。」鸚鵡毫不猶豫地回答。」

「你們知道嗎？有詐騙團夥用這套手法，把11個大陸年輕人騙

到泰國，再一起綁到柬埔寨賣掉。」貓頭鷹提醒道。

「啊，太恐怖了。」，「啊，這麼誇張啊。」鸚鵡和黑狗忍不住驚呼起來。

「這種詐騙手法太厲害了，如果不具備邏輯思考的能力，真的很難預防。」烏龜感慨地說。

貓頭鷹點頭說：「是啊，所以愛因斯坦才會說『學習知識要善於思考』。現有的思考課程，我們發現主要分為兩類：一類是教《邏輯論》，以大學老師為主；另一類是傳授特定的『思考模型』，以社會培訓為主。《邏輯論》所涉及的內容，主要是狹義的形式邏輯，不是生活中廣義的思考邏輯，雖然兩者有密切關聯，但也存在很大的區別，這點我們之前已經分享過了。」

「另一類課程，是教導特定思考模型，例如在工作中常用的架構思考、心智圖、設計思考法、金字塔思考法、行銷 4P 模型等等。這些思考模型遠超百種，而且各自適用於特定情境。你們想想，用思考模型能夠辨別訊息的真假嗎？能夠判斷道理的對錯嗎？能夠使人活用知識嗎？」貓頭鷹用問題引導大家思考，推進他們進入未曾涉足的思維領域。」

鸚鵡有些疑惑地問：「但是，不管是哪一種思考模型，不都是為了幫助我們更好地分析、解決問題嗎？」

「前輩，鸚鵡這個問題，您看我回答得對不對。」烏龜搶先提

出自己的看法：「鸚鵡，雖然在特定情境下，這些思考模型確實能夠幫助我們有條理地思考，甚至解決一些問題，然而，生活中的很多思考情境卻是特定思考模型難以處理的，比如前輩剛才所說的分辨訊息真假，或是判斷道理對錯。」

烏龜說完，三個人都看著貓頭鷹，等著聽他的答案。

貓頭鷹微笑著點頭：「烏龜的回答很精闢。我們先用一則新聞報導當例子，來實際練習一下生活中的重要思考情境：

有一對夫妻加盟了一家超商，但他們的營收一直不如預期，第二年甚至下滑了 10％。儘管如此，他們堅信『再拼一點，就會變好』，於是採取了一些新作法，比如每天吃店裡賣不掉的即期食品、夫妻輪流工作以省下員工薪水，以及建立 Line 群組來服務客戶。但是，最終還是沒能撐到賺錢，店就倒閉了。」

「現在，我們一起來思考一下：這對夫妻在思考上有哪些迷思？即使他們如此努力，為什麼最後還是經營不下去？」

黑狗認真思考了片刻，然後說道：「我覺得他們陷入了一個『價值觀思考』的迷思，堅信『只要更加努力，就會變得更好』。這種觀念是很多人的價值觀，認為愛拼才會贏，卻忽略了世界的複雜性和變化性。努力固然重要，但很多人的努力是埋頭苦幹卻盲目，而『明智地努力』才會有高價值、好結果，尤其在當今複雜多變的科技時代。」

「這對夫妻受到這種價值觀的影響，埋頭苦幹，卻不知道經營

的問題根源出在哪裡。所以，他們不但經歷了不幸的失敗，將來很可能還會重蹈覆轍，甚至還可能受到傳統信仰影響，認為是命運、八字、風水、祖墳的原因，所以還花錢去找師父改運、改命，陷入不善邏輯思考的惡性循環。」

貓頭鷹聽完後，贊許地說：「黑狗，你的洞察很深刻。不但解釋了『價值觀思考』產生的迷思，還意識到它會衍生的問題，可能會導致一錯再錯的結果，甚至跟迷信現象做合理的結合，太棒了。」

烏龜則以他從商的實際經驗來分析：「前輩，我也說說看。我認為從這對夫妻所用的三個方法，就可以看出他們思維的另一個誤區：他們只用二維的表面思考，所以只停留在經營問題的表面，沒有深入思考問題的根源和生意的本質。其實，無論是大企業還是小生意，都必須思考『生意的本質是什麼？』；我認為，任何生意的本質，就是在特定的時間和空間中，所提供的商品都要創造獨特或優勢的價值，因而得以滿足客戶，又能面對競爭。」

「如果他們能以生意的本質為前提，對超商加盟進行深入思考，就會發現超商的同質性很高，而且門店開得很密集，又有 Uber Eats 和 Food Panda 外送平台，競爭非常激烈，新的加盟店即使再努力，也很難取得好的成績。如果他們仔細深入思考，就不會盲目相信超商總部所預測計算開店後可以獲取豐厚的營業收入、利潤等的「美好大餅」。如果是我，我是不會選擇加盟超商，這並不是生意大小

的問題，而是按本質來看，現在加盟超商就不是個好生意，除非自己能夠提供獨特的價值。」

　　貓頭鷹點頭贊同：「烏龜，你說得非常對。戰略如果犯大錯，即使戰術正確也難以扭轉局面，也就是俗話說的『贏了戰役，輸了戰爭』。很多人就像這對夫妻一樣，只會在似是而非的價值觀下表面思考，所以既沒能深入思考經營的本質，也沒有考慮實際的大環境，造成戰略選擇嚴重錯誤，又只在戰術層面上努力，結局就是『孤臣無力可回天』。不僅結果令人扼腕，還可能一次又一次地陷入類似的困境。所以，有位知名的創業投資家說：『很多人創業陷入困局，是因為用戰術上的勤奮，替代戰略上的懶惰。他們每天很努力，工作時間也很長，到處去社交、去學習、去跑客戶，但戰略上卻疏懶於深度思考，以至於選錯行業、品類或時機，做錯很多關鍵決策。這種勤奮就是偽勤奮、無效勤奮。』」

　　「事實上，不只創業，人生的重大事情，比如職涯發展、投資理財、感情婚姻、人生信仰等，很多人都是低效勤奮。選擇重於努力，要能做出正確選擇，需要有超維邏輯思考力。」

　　在貓頭鷹的引導下，三人又充分地交流了一會兒，逐漸認識到，在實際生活的思考情境中，不論是非理性的價值觀思考，或著淺薄的二維思考，往往都會引發嚴重的思考誤區，進而導致不良後果。而且，生活中的許多複雜思考情境，很難套用現有的思考模型。

　　烏龜趁機提出問題：「前輩，您之前說過，邏輯思考需要『融會貫通』形式邏輯、思考邏輯、思考模型和四維世界，能否進一步解釋一下『融會貫通』的必要性？」

　　貓頭鷹對烏龜的深入發問表示贊許：「烏龜，你的問題正是我希望大家深入探討的方向。之前分享過，《聖經》只有一本，所以理應只有一種答案，一種解釋，但基督教卻分成許多教派，如福音派、靈恩派、長老會、浸信會等等。牧師們的詮釋也常常不同，這是為什麼呢？」

　　鸚鵡搶先分享了她的看法：「可能是許多牧師沒有真正融會貫通整本《聖經》，各自按自己學習、理解的不同部分來教導《聖經》，所講的內容也就各不相同。」

　　貓頭鷹點頭微笑說：「鸚鵡說得很對，看來妳已經理解融會貫通的重要性了。我們繼續來看看圖18。」

　　「這張圖列出了一些坊間常見，而且用來解決各種問題的思考模型。我想問你們兩個關鍵問題：『這些思考模型有何差別？』、『又有何關聯？』如果無法回答我的問題，就不可能活用這些思考模型。」

　　貓頭鷹看了三人一眼，繼續說：「所以邏輯思考必須融會貫通形式邏輯、思考邏輯、各種思考模型，還要契合真實的四維世界，才是邏輯思考的真實全貌，這樣就會『易學好用』了。」

思考模型

01. 批判思考	02. 邏輯思考	03. 機率思考
04. 心智圖	05. 系統思考	06. 架構思考
07. 概念思考	08. 個案思考	09. 創意思考
10. 設計思考	11. 框架思考	12. 辯證思考

有何差別？　　　又有何關聯？

圖18　思考模型種類

貓頭鷹為大家再倒上咖啡：「先喝口咖啡，稍作休息，然後我們要進入今天的關鍵內容──融會貫通邏輯思考所建立的『知識體系』。」

等到大家都喝過了咖啡，貓頭鷹才又開口：「好，我們繼續剛才的內容，請看圖19。」

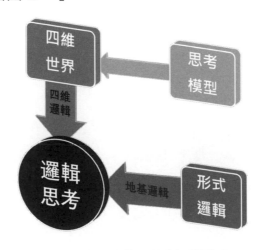

圖19　邏輯思考背後的「知識體系」

　　「這張圖，展現了形式邏輯、思考邏輯、思考模型和四維世界之間的關聯。各種思考模型與四維世界結合後，產生了『四維邏輯』，形式邏輯與思考邏輯的交集構成了『地基邏輯』。也就是說，當我們將四者『融會貫通』，就會形成兩大類邏輯：『四維邏輯』和『地基邏輯』。再看圖 20 所示。」

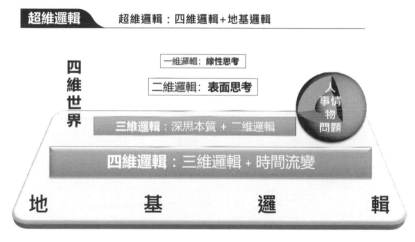

圖20 「超維邏輯思考」的知識體系

　　「『地基邏輯』就好比大地一樣，是一切思考的基礎，所有的思考都應該符合『地基邏輯』。『四維邏輯』則像是大地上多種多樣的立體事物，有千變萬化的外在表象、形式，還有表象下的內在本質，又隨著時間而變化。

　　「也就是說，四維世界的邏輯思考，就是運用『四維邏輯＋地基邏輯』來引導思考，所以我把它命名為『超維邏輯』，因為它超

越了四維邏輯，是 AI 時代的超級思維邏輯。」

　　烏龜專注地觀察著圖，讚歎說：「是啊，『地基邏輯』做為基石，支撐所有的思考，而『四維邏輯』建立於真實的四維世界，所以運用起來就會很自然。」

　　貓頭鷹微笑著說：「烏龜的分享，掌握到關鍵了。你們再看圖21。」

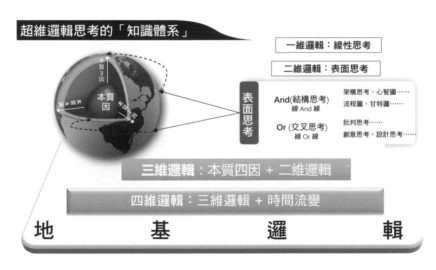

圖21　超維邏輯思考必備的「知識體系」

　　「在這張圖裡，我將常用的一些思維模型融入圖 21 裡，就可以清晰又完整地展示出邏輯思考的『知識體系』：超維邏輯，幫助我們充分理解其中的區別和關聯。」

　　「架構思考、心智圖、設計思考、批判思考、創意思考等常用

的思考模型，為什麼都屬於二維的表面思考？因為不論運用何種思考模型，只要沒有深思到三維本質，也就是二維的表面思考，學習知識就會只知皮毛，解決問題就會只看表象而治標不治本，看人就會知人知面卻不知心。」

「很多人因為不會深思本質，因為常用的架構思考、心智圖、設計思考法等思考模型運用的是二維邏輯思考。這些思考模型應該在深入本質思考的基礎上，進化成三維邏輯思考，所以『三維邏輯思考＝深思本質＋二維邏輯思考』。」

「三維邏輯思考加上時間流逝的變化，就成為『四維邏輯思考』，就像變動的生態系統一樣。進一步的深入內容會再說明，今天先建立整體的知識體系就好。」

三人目不轉晴地看了好一會，黑狗首先讚嘆道：「這套融會貫通的知識體系，就像是邏輯思考的 Google Map，指引我們在複雜又抽象的思維世界中找到正確方向、合適方法。如果靈活掌握這套『超維邏輯』，我就能活用邏輯思考了。」

鸚鵡則是提出問題：「前輩，以前我聽過《邏輯學》的邏輯謬誤，為何您沒講這部分的內容呢？」

貓頭鷹微笑著回答：「小鸚鵡，你這問題非常好。你學數學時，老師教你 2＋2＝4，你有沒有想過，為什麼老師不教 2＋2≠5、6、15 呢？因為錯誤的答案多不勝數，因此只學習錯誤並不能讓我們懂得

正確的答案，學習邏輯謬誤也是如此。如果只學習邏輯謬誤，無法讓人建立邏輯正確的思維；所以，我們應該首先掌握『超維邏輯』，把邏輯謬誤當作練習、補充。」

烏龜領會了貓頭鷹的解釋，感慨地說：「前輩，如此融會貫通的邏輯思考，思考不再受限於特定模型，就變得更靈活、更有創造性了。」

黑狗接著說：「前輩，我現在才明白以前所學的結構思考、設計思考法等各種思考模型與方法，都只是邏輯思考的一小部分，而且還是二維的表面思考，難怪在很多情境下，這些思考模型常常派不上用場。」

烏龜接著說：「前輩，這些各式各樣的思考模型，我覺得很像武功的『招式』，可以千變萬化，但如果只學招式，效用卻很有限，因為學不完所有招式。您所說的融會貫通的邏輯思考，是否就像武俠小說裡的「九陽神功」一樣？如果掌握得當的話，不但可以靈活使用各種思考模型，還能自己創造出新的思考模型。」

貓頭鷹滿意地點頭：「烏龜，你這比喻很貼切。正如你們所說的，掌握好融會貫通的邏輯思考，就能活用邏輯思考，也就能活用、創新思考模型，不被招式限制而能『無招勝有招』，也就能活用知識，還能擁有高效學習的能力。」

「曾經有記者問 Open AI 的 CEO 山姆・哈里斯・阿特曼（Samuel

Harris Altman）：『現在 AI 進步這麼快，你建議孩子要學習什麼？』他回答說：『除了韌性和適應力外，還要學會思考力和高效學習、創新力。』事實上，學會活用邏輯思考力，創新力和高效學習力也會隨之提升。」

　　鸚鵡興奮地接著說：「前輩，以前我經常聽一些行業大佬說，在現今變化快速的科技時代中，高效學習能力非常重要，但我一直不知道怎麼提升這種能力。現在才知道，原來它也是活用邏輯思考力的副產品。」

　　貓頭鷹點了點頭：「嗯，我們之前說過，思考就是認知世界、處理訊息（判斷、推理）、創造價值的方法和過程，所以，超維邏輯就是用『四維邏輯＋地基邏輯』來引導我們的認知、判斷和推理的三大思考。這樣的思考方法和過程，能夠創造出高價值，因而提升收入、成就和幸福，也能避免價值觀思考或其他初級思維的迷思。

　　貓頭鷹接著說：「北大歷史系主任趙冬梅教授在《北大趙冬梅講中國史》課程曾說：『我們不得不批評中國傳統思想上的一個致命傷，儒家經典、古聖先賢都有一個共同的問題，就是思考的方法不嚴密』。所以有很多不自洽，甚至自相矛盾的地方，就很容易陷入『公說公有理，婆說婆有理』的境地。」

　　「四維世界的人、事情、問題就如同多色的不規則體，從不同角度來看，我們看到的形狀、顏色都不同，更看不到內在，所以需要

靠深度思考才能認知內、外整體。《論語》中孔子講『仁』有 109 次，每次解釋都不太一樣，為什麼？同一件事物，不是應該只有一種『正確解釋』嗎？」

「這種就是二維表面思維的產物——從不同角度、不同情境去思考，就會想到不同的面貌。孔子對『仁』有許多不同的解釋，看起來好像很豐富，但都是只思考到外在的表象。就像你即使知道某個人在不同情境下，許多表面的打扮、言行、舉止、習慣等表象都不盡相同，卻還是無法瞭解他的內在，也就還是『知人知面不知心』。相對地，如果思考清楚本質，內在本質衍生出所有外在表象，只要舉些少數的表象作為本質的印證即可，這樣就會深入、清楚又不雜亂。」

「正如趙冬梅教授所說的古聖先賢的共同問題：思考方法不嚴密。這個問題的本質原因是，中國古代的思想家往往多是二維的表象思維，無法認知內外整體，所以同一件事物有很多不同解釋，也就逃不過『公說公有理，婆說婆有理』的紛亂（多美其名為「見仁見智」），而且還缺乏地基邏輯，容易產生各種矛盾，往往和常理矛盾卻不自知，就像開車沒有共同的交通規則，每個人都只按自己的道理說話行事！」

「傳統的非邏輯思考方法，透過文化、教育、環境，已經遺傳到我們身上。所以，我們要從非邏輯思考進化成融會貫通的邏輯思考。請看圖 22。」

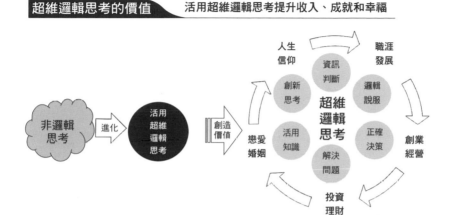

圖22　超維邏輯思考的價值

「融會貫通的超維邏輯思考，可以運用在職涯發展、創業經營、投資理財、戀愛婚姻、教養孩子，甚至是人生信仰。也就是說，可以用在生活的方方面面，而主要的思考情境是明智判斷、邏輯說服、正確決策、根除問題、活用知識等層面。至於邏輯思考所運用的『四維邏輯＋地基邏輯』具體準則有哪些？具體要如何運用？下次聚會中，我會就這些問題和大家深入討論。」

三人聽完後，眼中充滿著期待和興奮，他們深知這趟學習之旅，將是一場前所未有的思維尋寶，探索更加深入且靈活的邏輯思考領域，同時也將成為他們個人成長的關鍵。

第八章

方形的圓？色彩斑斕的黑？
──邏輯思考要照「哪些邏輯」來思考？

聚會一開始，烏龜就搶先發言：「前輩，我那天看到一個有趣的故事，跟我們學習的內容有關，我想先分享一下。」

貓頭鷹微笑著：「好啊，請說。」

烏龜笑著說：「有三個朋友在一家酒吧聊天，一位是員警，一位是農夫，一位是賭徒。員警說：『我看過很多人，我覺得人可以分好人和壞人。』農夫說：『不對，人分成鄉下人和都市人。』賭徒說：『你們都錯了，人分幸運兒和倒楣鬼。』三人各抒己見，因觀點不同而爭論起來。」

「我覺得，這故事很真實地呈現出主觀『價值觀思考』所造成的紊亂，在我們生活中也經常會見到，卻一直沒有解決良方。跟前輩學習後，我才知道問題的根本原因，更知道可以用超維邏輯思考來避免這種高成本的誤解、低效、爭執。」

　　貓頭鷹點頭說：「嗯，這故事很切合思考的主題。一般來說，人怎麼思考，就會怎麼說話和書寫，所以亞里斯多德說：『語言是思想的符號，文字是語言的符號。』我們之前也分享過，邏輯思考的三大組成是深度認知、邏輯判斷、邏輯推理，三者常常混搭使用，尤其是邏輯判斷和邏輯推理，兩者的關聯更緊密。我們來看圖23所示。

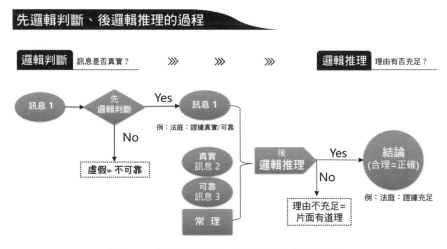

圖23　先邏輯判斷、後邏輯推理的過程

　　這張圖，展示了『先』邏輯判斷訊息、『後』邏輯推理結論的過程。也就是說，先用邏輯判斷訊息是否真實，再根據真實的訊息和合理的常理，邏輯推理出有『充足理由』的結論，這樣的結論才是合理、正確的，而非僅僅有『片面道理』的結論。」

　　「以台灣的大小選舉為例。選民首先必須判斷眾多訊息的真假，

然後進行推理，以確定哪位候選人更適合公職，最終做出正確的投票決定。正面的訊息，可能是候選人的巧妙包裝，甚至是偽裝；負面的訊息，可能是對手團隊的造謠，甚至是不中立媒體的有意誤導。如果缺乏足夠的邏輯思考力來判斷訊息的真假，就很可能被名嘴、政客、媒體欺騙，難以正確推論出哪位候選人更優秀。當然，最後就會做出錯誤的選擇和投票。」

鸚鵡聽後，臉微微泛紅地說：「前輩，我以前就像您說的，被媒體、名嘴、政客的假訊息騙，也被家人、同學、朋友影響，所以總統選舉我就曾經投錯人。」

貓頭鷹笑著說：「嗯，我們再來看看，法庭上，陪審員或國民法官，以及法官、律師、檢察官等，都如何運用邏輯思考？」

「不管是美國的陪審員，還是台灣的國民法官，都不需具備專業的法律知識，那因為他們是遵循邏輯並運用常理。他們先邏輯判斷各項證據、訊息的真實性，再邏輯判斷辯護律師和檢察官的陳述決定誰更有『充足理由』。請看圖 24 所示。

在生活中，我們需要遵循邏輯，並運用常理來判斷各種訊息的真實性，也就是要遵循『地基邏輯』：從詞項自洽、命題自洽到常理續洽（稍後會逐條說明），才會符合『邏輯通洽』，也就是符合（多重）一致性，換句話說，就是（多重）不矛盾。回想我年輕時，只會按照價值觀、經驗，甚至第六感來判斷，往往就誤判、誤信。」

邏輯判斷訊息的準則：地基邏輯

地基邏輯	邏輯通洽 = (多重)一致性 / (多重)不矛盾					
	詞項自洽	命題自洽	本體自洽	常理他洽	感知他洽	常理續洽
邏輯判斷訊息真假	✓	✓	✓	✓	✓	✓
非邏輯判斷訊息	按價值觀、經驗、第六感判斷，往往不符邏輯通洽					

圖24　地基邏輯——邏輯判斷訊息準則

　　鸚鵡一聽到貓頭鷹說到法庭，精神就來了：「前輩，我喜歡看律政類的美劇，裡面有些律師我覺得好厲害，原來這就是善於邏輯思考的表現啊。」

　　貓頭鷹笑著說：「哈哈，鸚鵡，難怪我覺得你似乎學過一些邏輯知識，原來是受美劇影響。好，我們再看圖 25 所示。

　　生活中，判斷訊息真假時只要遵循『地基邏輯』，符合『邏輯通洽』即可。如果要判斷道理的對錯，除了地基邏輯，還必須遵循『四維邏輯』，這樣就不但符合邏輯通洽，也符合『充足理由』，才是正確、合理。」

　　「很多專家、學者的話聽來好像很有道理，卻往往只是片面道理，就是因為沒有遵循『四維邏輯』，也就不符合『充足理由』，

所以別人很容易找到其他常理或案例來反駁，就會『公說公有理，婆說婆有理』了。」

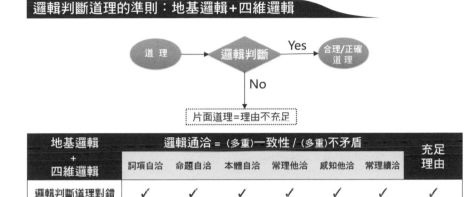

圖25　「地基邏輯」和「四維邏輯」——邏輯判斷的道理的準則

「法庭中的陪審員或國民法官，用『邏輯判斷』來判別他人的訊息、道理；辯護律師和檢察官則要用『邏輯推理』來說服他人。不論是辯護律師或檢察官，都必須運用符合可靠性的證據，運用常理和法律，並且遵循『邏輯』，推理出有『充足理由』的陳述、道理，用以說服陪審員和法官。」

「那麼，如何推理出有『充足理由』、而不是只有片面理由？你們看圖26。」

「用個例子來說明這張圖，同時回答剛才那個問題。大學畢業的小陳，已經在職場打拚五年了，升職、加薪都不多，未來似乎也

看不到希望。面對這樣的處境，小陳會怎麼想？又應該怎麼辦？是認為大環境就這樣，沒辦法；還是應該跳槽、換跑道；又或是應該做兼職來提升收入？這幾種不同的選擇，都是二維表面思考下的結果與選擇，所以只看到部分的表面現象，只想到部分的『表面原因』（球體表面的虛線），也就只是『片面理由』，解決方案就會『頭痛醫頭，腳痛醫腳』，效果很有限。」

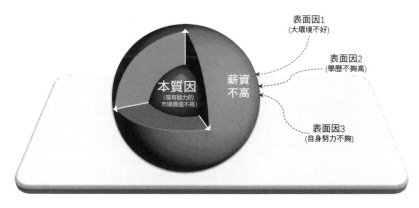

圖26　案例：二維思考 VS 三維本質因差異

「如果用三維邏輯的本體思考就會發現，收入不高的『本質原因』常常不是不夠努力，而是『現有能力的市場價值不高』。比如，在同樣大環境的同一家上市公司裡，高階主管的年薪（含股票期權）常常是基層員工的數十倍，甚至到數百倍，差異這麼大的根本原因，

就在於彼此能力的市場價值不同。因此，延長工作時間或做外送兼職，並沒有針對問題的根源對症下藥，即使再努力，雖然可增加一些收入，仍然無法實現未來的美好目標——60 歲財務自由。所以，小陳應該針對本質原因，好好深入思考自己的潛能特質和事業發展，加以長遠規劃，然後努力培養出市場價值高的能力。這樣深入思考才能對症下藥、根除問題，也就有『充足理由』，這需要深度思考到三維的『本質四因』。」

　　「你們試著把事情、問題想像成三維的球，上圖中的『球體核心＋由內向外的 3 條實線』，就代表本質四因。你們應該常聽不少專家說『要深度思考』，或者說『要透過現象看本質』，其實就是要『深度思考到現象內在的本質』。但『本質』是什麼？深思本質的『具體方法』又是什麼？卻很少有人深入講清楚。」

　　「邏輯思考中的『本質』，是四維世界中，立體人、事、物、問題的內在屬性。內在本質會衍生出外在表象、結果，這就是『相由心生』的原因。也就是說，人、事、物、問題的『本體＝內在本質＋外在表象』，這樣去思考事情，才是完整的，才會有『充足理由』。就像一顆完整的蘋果＝內在果核＋內在果肉＋外在果皮，眼見的外在果皮只不過是表象、形式，都只是皮毛而已。所以，如果沒有深入思考清楚本質，任何思考都只是停留二維的表面思考——不論你使用的是用哪種思考模型。」

　　「很多人認為『本質』就等於是做一件事情的『目的』，實際上，蘋果的外在果皮以內（果核＋果肉）都是本質，所以事情的外在表象以內都是本質。因此，本質有四因，而不僅僅只有『目的因』。你們看圖 27 所示。」

三維邏輯：本質四因				四維邏輯
本質1因	本質2因	本質3因	本質4因	時間流變
核心、最終目的	關鍵要素	有效方法	正反動力	因應時間流動所產生的各種變化
地基邏輯（邏輯通洽）				

圖27　三維邏輯：本質四因

　　「一件事情的『本質四因』，包括（核心）最終目的、關鍵要素、有效方法及正反動力。我們舉具體的事情來說明好了。」

　　「要做一件重大的事，比如創業，第一個要思考的因素，是不是就是做這件事的『目的』？有人創業的目的是為了改善生活，有人是為了財務自由，有人為了實現自我。所以，本質第 1 因是『目的因』。」

　　「目的的功能就像北極星一樣，引導我們在沒有清晰道路的曠

野、森林中行走而不迷路，也能使我們在遇到前面有障礙而暫時轉彎時，還能清楚知道目標在何方。所以，創業前輩常會提醒說『不忘初衷』，所謂的『初衷』一如北極星的功能，遵從其指引便能避免被紛亂的訊息、多變的狀況，以及複雜的問題影響而亂了方向和道路。」

「創業這件事，有起點、過程、終點，所以創業目的稱為『最終目的』；事業的發展，就像一顆『果子』的成長，所以目的也可以稱為『核心目的』。因此，最終目的（事）和核心目的（物）可看作一體。」

「創業的目的、目標不同，選擇的行業、項目就會不同，後續的許多選擇和行動也隨之不同。不論創業的目的為何，有了目的以後，就要思考實現目的之『關鍵要素』。比如，創業的關鍵要素可以概略分成三類——天時（時機和趨勢）、地利（外部環境和需求），以及人和（團隊能力和資源），彼此還要配合、協調。當然，每類關鍵要素還要再深入細分。」

「要良好掌握、運用這些關鍵要素，則需要『有效方法』，比如關鍵要素中的內部能力之一：邏輯思考力。如果目前還不具備這種能力，就要先找到『有效方法』，再照有效方法去練習，這種能力就能逐漸培養出來了。」

「在創業進行的過程中，會有正向動力，比如企圖心、同伴的

鼓勵、進步所帶來的喜悅、達成階段目標的成就感。同時也有阻礙前進的反向動力，像是人的惰性、遇到困難的挫折。所以，『正、反動力』也要一併納入考慮，因為它們對最終目標的實現也有重大的影響。」

「運動或健身，就是正、反動力的最好例子。運動的最終目的、關鍵要素和有效方法，都容易有清楚的瞭解，也有很多成功的經驗可以參考，而反向動力——惰性——導致很多人半途而廢，無法實現最終目標。這時就需要調整運動模式、方法來降低反向動力，再逐漸提升正向動力，就可以持續下去而逐漸實現最終目標了。」

「本質四因和外在表象，都會受到時間影響而改變，所以過段時間還要再追蹤、思考這些要素的變化，這就是四維邏輯，也可以說是一種系統思考。『戰略規劃』就是一種系統思考，所以需要因應時間產生的重大變化而調整。2024 年 2 月，蘋果公司中止已投入十年的電動車項目，把寶貴的資源（時機、人才、資金等等），改投入更重要的地方（很可能是 AI 領域），這就是重大的戰略調整。」

聽了貓頭鷹的解釋，烏龜恍然大悟地說：「難怪，我以前聽別的老師說『本質就是目的』，但實際在運用時，總覺得還有一些關鍵要素漏掉了。現在聽前輩的說明，就很清楚為什麼本質要有四因，而不是只有目的因了。」

貓頭鷹點點頭，繼續往下說：「人、事、物、問題的三維本體

＝外在表象＋內在本質，『眼見為實』之所以只能看到片面的外在表象，就是由於內在本質是一種眼睛看不見、卻又真實存在的屬性，必須藉由深思本質才能觸及。對於習慣『眼見為實』這種表面思維的華人來說，可能陌生又抽象，所以我用圖像和舉例來說明，幫助你們理解。」

「農業時代的生活不需要深入思考本質，『眼見為實』就夠了，即使碎片化思維也沒什麼大問題。進入科技時代後，人、事、物、問題都需要深入思考眼睛看不到的本質，如果再用二維的表面思維去認知、判斷和推理，就很可能真是『瞎子摸象』了。所以，有句話說『人的一生都在為自己的認知買單』，認知如果淺薄就容易偏差，判斷、推理就隨之偏差，後續的選擇和行動也隨之錯誤。」

「學會深思本質的思維還有一個很大的好處──能夠分清形式和本質，就能明白什麼應該靈活、變化，什麼應該堅持、不變。就像我們開車要去一個地方，遇到前面有車禍而堵車時，就要轉彎、調整，但最終目的地仍然不變。」

「也就是說，同一本質下，形式不但可以多樣，也應該有彈性。在現實的複雜世界中做事或下決策，要務實地靈活，也要有中心思想、理想，做為堅持不變的大原則。我們要有堅持的理想，同時又要有務實的靈活，才能實現理想，這需要能夠分清楚形式和本質，需要會深入思考本質四因。」

　　「我們再來看一個生活中的實例。有位母親，在和 35 歲未婚的高管女兒溝通相親不成的原因時，母親說：『你不應該才見幾次面，就問人家收入多少、有沒有房子和車子，這樣讓人感覺很現實。價值觀、性格才是感情的長久支撐。』女兒則解釋說：『我不是拜金女，我自己也能賺錢買我想要的，但有些條件的確是衡量另一半的關鍵標準。』

　　這是不是生活中常見的雞同鴨講？是不是又再次陷入『公說公有理，婆說婆有理』的窘境了？問題出在哪裡？按本質四因來看，感情的最終目的是『兩人長久幸福』，實現這目標的關鍵因素是兩人『真心相愛又彼此合適』，而合適主要在於條件、三觀和性格、性愛方面。母親所談的是價值觀、性格的合適，女兒所說的是條件的合適，都是有關『合適』的關鍵要素，但兩人都不會深思本質四因，所以就雞同鴨講了，而且母女還認為原因在於彼此觀念不同或以為有代溝。從這個例子可以看出，如果不會深思本質四因，不但很難溝通清楚，也往往分不清：什麼要靈活、尊重多樣？什麼要堅持原則、持續不變？甚至分不清：什麼是次要、無所謂的？哪些是必要、不能少的？」

　　鸚鵡聽完後說：「前輩，經您這樣深入說明清楚以後，再回想我在工作中和同事溝通，或是開會時的情況，還真的就像這對母女的對話，說是溝通、討論，其實只是各自表達想法，最後再匯總而已，

因為我們的確不懂三維邏輯的本體思維。」

黑狗接著說：「前輩，我發覺，以前我頭腦中的知識、經驗、訊息、感覺，就像早期的建築工地一樣，磚頭、水泥、鋼筋、木板、沙子，亂七八糟地散落一地。如果用您所講的三維邏輯的本體思考（深思本質四因＋二維表面思考），就能很清楚地分別形式表層和本質四因，並且清楚彼此的關聯，就像把腦中的許多東西，搭建成清晰立體的『知識體系』，思維和表達就有很清晰的『知識體系』，也能很清楚對方在說哪部分內容，溝通就不會雞同鴨講了。」

烏龜接著說：「分清形式和本質，又把本質分成重要的四因，這樣就很清楚在討論那一部分，而不會混為一談。所以，我打算以後在公司開會討論時，先從討論目標開始，再討論關鍵要素、有效方法、正反動力，這樣就清楚又有效率。另外，如果有人和我目標相同，但方法不同，就可以針對方法再深入討論就好，這樣就容易有共識，而且有針對性地討論。」

貓頭鷹欣慰地說：「嗯。黑狗的比喻和總結很好。烏龜，你如果打算在公司開會時運用，可以參考這張圖 28 所示。

這張表，按照超維邏輯，把討論的重大事情，分成本質 1 ～ 4 因和外在表象，還考量時間因素，分成不同時期、階段，就可以清楚地分隔且有關聯地思考、討論。這樣不但思考深入又全面，而且分清關鍵和次要，還會有『充足理由』，並符合地基邏輯，溝通、討

論不但會很清楚，也會很有效率。這張表，可以用在重大事情的思考規劃或溝通開會等層面。」

超維邏輯運用表					
本質1因		本質2～4因			外在表象／結果
		時期	*階段 1*	*階段 2*	*階段 3*	
1.核心、最終目的		2.關鍵要素				
		3.有效方法				
		4.正反動力				
地基邏輯						

圖28　超維邏輯運用表

烏龜高興地說：「前輩，您這張表格直接將超維邏輯『視覺化』，清楚引導思考和討論，真的是很好的方法和工具。」

貓頭鷹微笑說：「嗯，這張表就是超維邏輯的應用工具。我們上次交流邏輯思考的『知識體系』，這次分享具體『方法、準則』。之後，我們還會有重要思考情境的實戰練習，比如職涯、情感、創業、解決問題等等，加以多次練習運用，你們就會更清楚了。」

鸚鵡聽後，馬上拍手笑說：「太好了，前輩，您想得真周到。」

貓頭鷹微笑說：「我們現在再回頭把『地基邏輯』逐條說清，你們看圖 29 所示。」

| 地基邏輯 | 自洽＋他洽＋續洽 |

邏輯通洽 =（多重）一致性 /（多重）不矛盾

詞項自洽	命題自洽	本體自洽	常理他洽	感知他洽	常理續洽
反例： 1.方形的圓、色彩斑斕的黑	反例： 理財專員說：有支理財產品，「低風險，高報酬」	**表象與本質四因一致** 1. 事情的方法、目標要一致 需要有效方法才能實現目標 2. 人內外一致 外在言行、習慣本是內心的衍生，但是人會包裝外在	訊息、道理要和「常理」融洽	訊息、道理要和「普遍感知」一致 反例： 政府官員說：CPI只漲了3%，可是全家的飯團飲料漲價超10%	實例： 1.日心說推翻地心說 2.相對論推翻時間不變（推翻以前的科學和感知）

圖29　邏輯通洽的基本概念

　　邏輯判斷遵循『地基邏輯』，就會達到『邏輯通洽』，也就是在邏輯上要符合多重一致性，多重不矛盾。『洽』是融洽的意思，『邏輯通洽』包含：1. 自洽、2. 他洽以及 3. 續洽。也就是說，訊息和道理首先要自洽，也就是自我融洽，不自相矛盾；其次也要他洽，與其他常理、普遍感知融洽而不矛盾；最後還要續洽，與以後新的常理、新的普遍感知繼續融洽，這就是邏輯通洽的基本概念。接下來，我們就一項一項地談談這些準則。」

　　貓頭鷹繼續說：「先說『詞項自洽』，比如『方形的圓』這個詞組，就違背詞項自洽。我高一時，幾個同學下課時在聊天，有位同學是基督徒，他說：『上帝是全能的。』另一個同學馬上反駁說：『如果上帝是全能的，那他就能造出方形的圓；如果上帝造不出，上帝就不是全能的。』我們所有同學都覺得他說得很對，連那位基

督徒同學也啞口無言。那時候，我那位同學以為用邏輯考倒了上帝，卻不知道自己在邏輯上自相矛盾，違反了詞項自洽。」

鸚鵡馬上提出她的疑問：「前輩，以前我聽過一首歌，歌詞裡有『色彩斑斕的黑』，這是不是也違反詞項自洽？」

貓頭鷹回答說：「這也是個好例子。邏輯主要運用在理性層面，追求可靠、真實、合理、正確、精准，而歌詞、文學作品等則是用在文藝層面上，追求意境美和心靈感動，不追求邏輯的真實、合理，有時候還會故意製造矛盾性，就像『色彩斑斕的黑』。再比如，李白寫的『飛流直下三千尺』，沒有人會說李白沒有真去量過就寫三千尺，李白不合邏輯或吹牛。」

鸚鵡笑著說：「哈哈，前輩，您舉這個例子真有趣。」

貓頭鷹接著說：「再來是『命題自洽』，比如，有些理財專員為了吸引老年人購買一些理財產品，就誇大他們的產品是『低風險、高報酬』，你們有沒有覺得哪裡有問題？」

黑狗篤定地回答：「『低風險、高報酬』就屬於自相矛盾的句子，按常理說，低風險不會有高報酬，所以違反命題自洽。可惜很多老年人不會邏輯思考，聽到風險低，報酬又高，還覺得是兩全其美，也就上當了。」

貓頭鷹說：「嗯，黑狗解釋得很好。我們繼續來看邏輯通洽中的關鍵：『本體自洽』，就是外在表象和內在的本質四因彼此要融

洽、不矛盾。比如做任何事都會有目的、目標，但還需要有效方法
來實現。也就是說，目的、目標和方法要符合一致性。你們想想看，
有哪些方面經常出現沒有符合『本體自洽』的現象？」

烏龜立即接著說：「前輩，您說的沒有符合『本體自洽』，我
覺得很多心靈導師、宗教老師所教導的內容，就常常缺乏有效方法，
來實現他們所宣稱的美好目標、崇高境界。」

黑狗接著說：「經表哥這麼一說，我覺得古人似乎也經常陷入
這種迷思。比如，儒家講要『正心』，王陽明主張『知行合一』，
卻都沒有提供有效方法。雖然古代讀書人長年受《四書五經》等儒
家思想影響，但一遇到權、財、色的誘惑時，絕大多數人的行為都
和我們現代人一樣，甚至在文人相輕時，彼此用字相當狠毒，或是
在爭權奪利時，手段極為卑劣。可見儒家主張的『讀聖賢書』，並
不是實現正心、知行合一的有效方法。」

鸚鵡接著說：「朋友心情不好時，我常常會好心地安慰說：『你
要開心一點啊！』現在我才知道這是『好心的廢話』。他當然也想
開心啊，但就是缺乏有效方法，我自己也沒有方法，卻叫人開心一
點，以為這樣就可以安慰、鼓勵對方，其實反而給人壓力。這就是
所謂『好心做壞事』，正和許多長輩一樣。」

貓頭鷹接著說：「你們都說得很有道理。這些現象在我們社會
裡很普遍，有些還會倒果為因，或者錯把階段目標當方法，也沒有

檢驗方法是否可行、有效。」

「我再以『人』為例子，來說明『本體自洽』。我們常說『相由心生』，外相不只是長相、氣質，更包含外在的言語、行為、習慣、愛好等，都是內心所衍生的，因為外在表象是由內在本質衍生而出，所以內、外是一致的，這就是『本體自洽』。」

「然而，為什麼很多人常常感慨『知人知面不知心』？因為我們人都會不同程度地『包裝』自己。所以，想『知人知心』就要觀察不易偽裝自己的情境（如酒後、生氣時）、關鍵時刻（如財、色、危難當前）、突發事件（如塞車、車禍），再對照平常的言行。有時候還要試驗，比如公司面試時的各種奇怪問題，甄選重要高階主管甚至還會背景調查，有時候甚至需要『日久見人心』等，這些都是嘗試瞭解一個人的真正本性。」

鸚鵡聽後說：「前輩，經您這樣一解釋，我就清楚為什麼我的閨蜜老是被渣男騙了，因為她沉醉在男友說的好聽話，偏愛他們的外表和身材，忽略了他的其他面向，所以就知人知面不知心。」

黑狗接著說：「我也想到我的一位同學說，他每次投票時都會研究選舉人的政見，再決定把票投給誰，他認為這樣比較理性。我之前總感覺怪怪的，現在我明白了。政見再好，如果人不好，那些好政見不過是騙選票的誘餌，選上後也不會去努力兌現。所以，會看人、能知人知心真的很重要。」

　　貓頭鷹接著說：「是啊，同樣的道理，所以天使投資人（Angel Investor）在評估企業投資時，評判考量主要是評估創辦人和團隊，而不只是評估創業項目。」

　　「我們再來交流『常理他洽』，就是訊息、道理要和各種常理不矛盾，所以我們會說『你說的不合常理』、『這件事不合常理』。雖然『常理他洽』這準則大家都比較有概念，隨口就會說，但運用得好不好卻是另一回事。」

　　「接下來是『感知他洽』，也就是訊息、道理要和『普遍感知』的經驗一致，不能落差太大。例如，最近有個流行名詞叫『體感貧窮』，就是一種『普遍感知』的體驗。假設，政府官員說：『現在物價的 CPI 漲幅只有 3％，其實並不高。』但如果和大家普遍的感知經驗差別很大，就是不符合『感知他洽』的準則。」

　　「再來是『常理續洽』，指的是過去的訊息、道理、常理、科學要和後續的新常理、新科學融洽、不矛盾。比如，2 世紀的『地心說』，被 16 世紀的『日心說』所推翻，16 世紀的日心說，又被近代的科學知識所推翻，原有的常理（地心說）違背了『新』常理（日心說），所以不符合常理續洽。科學、常理都通過常理續洽的方式，不斷地修正、前進。續洽主要檢視觀念或道理是否『昨是今非』。很多傳統觀念、習俗，都不符合續洽，也就是被之後的常理或科學推翻了。」

「之前我們討論過，科學證明包含『理論證明＋實驗證明』，理論證明就是邏輯證明。詞項、命題、本體自洽和常理他洽類似理論證明，感知他洽類似實踐經驗證明，常理續洽主要是持續驗證。」

「如果發生了不符合邏輯通洽，也就是產生了邏輯上的矛盾了，怎麼辦？就要去深入思考，加以調和、貫通以化解矛盾，而使之一致。如果一時調和、貫通不了，就要先想清楚適用範圍、前提假設，避免錯用。」

黑狗說：「前輩，這些『地基邏輯』的準則很像多層的濾網，就可以過濾掉似真還假的訊息，以及似是而非、昨是今非的道理。」

貓頭鷹笑著說：「沒錯，活用『地基邏輯』的這些準則，就可以很好地快速判斷訊息真假和道理對錯了，我們後面還會用實際例子來練習。」

鸚鵡感慨地說：「前輩，從您這幾次的教導到現在，我終於知道邏輯思考的知識體系和具體方法，也才明白我以前對邏輯思考的認知不但表面，而且偏差很大。最可怕的是，我以前竟然自以為知道了，自以為會邏輯思考了。要不是經過您耐心又深入清楚教導，我很可能就一直自以為是下去。前輩，真是太感謝您了。」

貓頭鷹抿了一口咖啡，微笑著說：「哈，不客氣，也是因為你們都有顆謙虛受教、積極學習的心，所以聽得下去我所分享的內容。」

「我們正處在資訊爆炸的科技時代。從小到大，每天都會主動

或者被動地接觸各種形式的訊息，文字、言語、圖像、影音，還有那些非言語訊息，如表情、眼神、肢體語言、代碼。這些訊息往往是碎片的、雜亂的，經常是似是而非、昨是今非、彼此矛盾的，甚至有不少是故意偽造的。」

　　「所以，我們需要培養『邏輯思考』所包含的三種能力：一是深度認知，二是邏輯判斷，三是邏輯推理。在我們日常生活中，每天都需要組合運用這三種思考能力。你們看一下圖 30 所示。

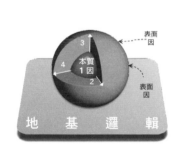

四維世界的邏輯思考 → 導循超維邏輯	
1. 深度認知	What + Why + How
2. 邏輯判斷	思考情境 → 判斷訊息真假、判斷道理對錯
3. 邏輯推理	思考情境→ 人：邏輯說服、識人 事：正確決策、根除問題 物：開發產品、活用知識

超維邏輯			
一維邏輯	二維邏輯	三維邏輯	四維邏輯
線性思考	表面思考	本質四因+ 二維邏輯	三維邏輯 + 時間流變
地基邏輯：1. 自洽 2. 他洽 3. 續洽			

圖30　超維邏輯思考的準則、方法、運用情境

　　這張圖匯總了『超維邏輯』的邏輯思考，包含了深度認知、邏輯判斷和邏輯推理，以及具體需要遵循的邏輯準則、方法，還有主要運用情境。」

「邏輯思考就好比我們去超市，看上一條魚時，我們需要先『認知』那是什麼魚；買回家後，還需要『判斷』哪些部位不能使用，必須丟棄？最後再運用適當的烹調方法，做成健康、營養的美味料理。」

「小孩子不用煮飯，所以只需知道那是什麼魚也就可以了。但父母要做飯，就不能只知道那叫什麼魚而已，還必須有深度認知（What ＋ Why ＋ How）。」

「判斷食材的好壞需要判斷的能力，就像判斷訊息、道理需要邏輯判斷的能力，才能判斷訊息真假、判斷道理對錯。」

「運用好的食材，做成健康、營養的美味料理，當然更需要有良好的廚藝。同樣的，要活用訊息、知識、經驗、常理等來創造價值，更必須要有活用邏輯推理的能力，才能活用訊息、經驗、常理來達到邏輯說服、正確決策、根除問題、活用知識等目標。」

黑狗接著說：「前輩，這個買魚做成美食的比喻，讓我對邏輯思考的三大思考組成，有更具體、清晰地理解了。如果不是一路跟著您學習，今天您所講的內容，我可能會聽不懂，甚至還覺得您說的不對。」

「哈哈，我理解，確實是這樣。」貓頭鷹笑著說：「從下次聚會開始，我們將進入日常生活的思考情景，進行生活實例的思考練習和交流，看看在實際生活的重要情境中，邏輯思考如何發揮作用。

回去後，有空不妨多想想你們在實際生活中運用邏輯思考的例子。」

　　黑狗興奮地表示：「前輩，我迫不及待想要在實際問題中嘗試應用了。」

　　在回去的路上，烏龜對黑狗和鸚鵡說：「我真沒想到，前輩把邏輯思考融會貫通得這麼深入又清楚，今天前輩所講的，我們一定要好好思考、消化。如果能活用「邏輯思考」，相信我們原有的困惑、問題，都能想透、想通了，將來也不怕遇見難題了，就能像前輩所說的，可以提升收入、成就和幸福了。」

　　黑狗和鸚鵡都連連點頭稱是。

不同情境下的超維邏輯思考

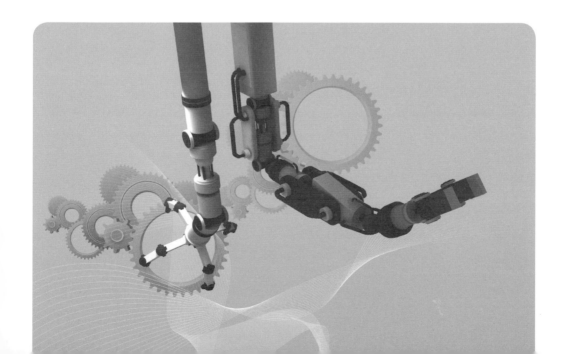

第九章

辨別訊息真假的邏輯思維
——思考的方法、過程和結果同樣重要

　　小怪是鸚鵡的表妹，目前就讀碩士二年級。她經常看到同學在討論如何炒股致富，聽多了以後，也有點心動，因為小怪很擔心畢業後找不到好工作。有一天，她收到同學邀請她加入一個 Line 的投資群組，小怪想了一下就加入了。

　　群組裡，投資老師會發送許多專業分析訊息，也有不少人對老師無比崇拜的言論，再加上基於對同學的信任，使得她對投資老師的信任與日俱增。

　　自己辛苦打工賺下的 20 萬，她希望在老師的指導下翻倍，這樣手裡就有更多錢，將來的就業壓力就可以降低不少。於是，她決定按照老師的指示試試，投入 8 萬元，結果一週不到就漲了 10％，這讓小怪更加相信老師的炒股能力。於是，她不但打算把 20 萬全拿來投資，還想向表姊鸚鵡借點錢增加資本。

　　和鸚鵡在咖啡廳碰面後，小怪直截了當告訴鸚鵡，她相信鸚鵡會支持她，因為她們是好朋友。鸚鵡聽完覺得有點不對勁，但也無法肯定問題出在哪裡，所以打算在聚會時請教貓頭鷹，再決定如何幫助表妹。

　　聚會一開始，鸚鵡率先分享了表妹小怪的情況，以及自己思考後的想法。

　　貓頭鷹傾聽完鸚鵡的分享後，贊許地說：「非常好，將所學的邏輯思考應用在實際生活，就能有效地訓練邏輯思考力。」

　　停頓了一會以後，貓頭鷹說：「鸚鵡所講的，剛好可以適用我們今天的主題，就是運用邏輯思考來判斷：訊息是真是假？道理有否似是而非？在交流小怪的例子之前，我們先回顧一下圖31所示。」

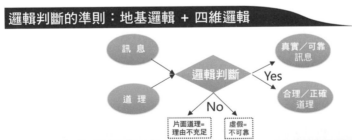

地基邏輯 + 四維邏輯	地基邏輯 → 符合邏輯通洽						四維邏輯
	詞項自洽	命題自洽	本體自洽	常理他洽	感知他洽	常理續洽	本質四因 → 充足理由
邏輯判斷訊息真假	✓	✓	✓	✓	✓	✓	
邏輯判斷道理對錯	✓	✓	✓	✓	✓	✓	✓

圖31　邏輯判斷準則

　　「這張圖的上半部，代表邏輯判斷訊息、道理的過程。下半部，則是邏輯判斷所需遵循的具體準則：地基邏輯和本質四因。我們先來練習這個 2023 年 8 月的網上訊息──潛艇因暴雨被沖上岸。請各位分享一下你們判斷的結論，也盡量說清楚你們的理由。」

　　鸚鵡搶著說：「這個明顯是假的，感覺就很假。」

　　黑狗隨即附和道：「我也認為是假的，潛艇怎麼可能被暴雨沖上岸呢？」

　　烏龜思考片刻後說：「潛艇是可以在深海裡潛行，但這消息說潛艇被暴雨沖上岸，所以與潛艇的原理矛盾，也就違反了『邏輯他洽』，應該是虛假的。」

　　貓頭鷹傾聽完三人的分享，然後說：「你們三人的結論都是正確的，但所採用的思考方法卻各有不同。鸚鵡用的是『價值觀思考』的感覺，烏龜則遵循邏輯判斷，且清晰地說出了判斷所依據的常理，而黑狗雖然也得出了正確的結論，但無法看出判斷的依據是什麼。」

　　「你們有發現嗎？像烏龜這樣，邏輯思考清楚，表達就能清楚講出哪裡不符合邏輯、常理，不僅讓人容易理解，而且很有說服力。」

　　鸚鵡聽了，連連點頭說：「嗯，真的是呢。表哥這樣就無可反駁了，哈哈。」

　　黑狗則說：「是啊，我常常只說結論，即使結論是正確的，但沒有像表哥這樣清楚地說明依據，以及指出違反了什麼邏輯，說服

力就很低了，還是很容易各說各話。」

　　貓頭鷹微笑著說：「這次的練習，還揭示了一個有趣的現象。即使運用不對的方法，有時候也可能得到正確的結果，也就是說有時候我們會幸運猜對某些事。然而，簡單的事容易猜對，例如我讓各位練習的這則消息；但是，對於較為複雜的事，如職場工作、投資股票或者創業這些事件，要幸運猜對的概率其實都非常低，若想要連續猜對的可能性就更低了。所以，我們學習邏輯思考，是為了確保我們的判斷和推論更加準確，就不用靠猜的，也不用指望渺茫的第六感或無法掌握的運氣，甚至是把自己命運交給江湖算命師。」

　　鸚鵡點頭表示認同：「我懂了，我常憑感覺判斷，就是用價值觀思考的結果。」

　　黑狗附和道：「前輩，我也明白了。思考的方法、過程和結果同樣重要；有了有效方法，運用過程也要正確，常常就會有好的結果，除非遇到不可掌握的意外。」

　　貓頭鷹鼓勵地笑著說：「沒錯。就像在專案管理和企業管理中，都會討論、修正方法，也會追蹤過程，就是為了確保最終產生好的結果。」

　　黑狗這時提出一個問題說：「前輩，有次我在網路上看到一條訊息說：『美國 51 區裡面有外星人的遺骸和飛碟』這個訊息如何用邏輯來分辨？」

貓頭鷹笑著說：「這個問題很有趣。美國 51 區的外星人、飛碟究竟是真、是假？這個訊息可以運用兩個層面來加以檢視：一、理論證明的層面，關於外星人，目前沒有大家普遍認同的常理。也就是說，以我們人類目前的知識能力，還無法用理論推導、證明外星人是否存在，並為大家普遍認同，也就是缺乏被大家普遍認同的常理，所以我們就無法運用常理來檢視了。」

「二、實踐證明的層面，大家不妨想想，想要進一步找到可以確認是真，或確認為假的事實或經驗證明，是不是也很難？如果連深入的可靠證據都找不到，是不是就表示它離我們太遙遠？也就是跟我們生活沒什麼直接關係，對我們不重要。所以，對於這類事情，最好的方法就是暫時先別下結論，保持一個開放心態，可以當作聊天的趣味話題，也不需投入過多的注意和時間，除非自己對這類事物感興趣。」

黑狗恍然大悟地說：「對喔，現在很多自媒體、影片，為了增加流量，抓住人的好奇心，利用科學、知識來包裝，其實很多沒什麼價值，甚至是偽知識。我之前還滑到一個影片『如果你掉入黑洞，該怎麼辦？』我竟然還把十分鐘的影片看完，現在想想，真是浪費時間和生命。」

烏龜點頭附和說：「沒錯，有時候我們被這些標題騙得不輕，如果我們提升思維、格局，不但能輕鬆地辨別哪些內容值得我們投

入時間，很多短影音或自媒體的內容根本就不想看了。」

　　鸚鵡笑著總結道：「是啊，學會運用邏輯思考，就像是裝備了一副過濾器，可以幫助我們從海量的資訊中，快速淘汰掉虛假或沒有價值的內容。」

　　貓頭鷹笑著說：「嗯，很好。現在，我們就來練習用邏輯判斷鸚鵡表妹小怪聽投資老師炒股這件事。」

　　鸚鵡首先說：「前輩，我認為這違反了一個『人性』的常理，如果真的那麼容易賺錢，那個投資老師就照自己方法炒股就可以輕鬆致富了，為什麼還要辛苦地拉群，不斷地分享投資分析的訊息？」

　　烏龜接著說：「巴菲特被尊稱為『股神』，他的長期年化報酬只有21％，但連續45年的『複利』下來，就達到5,300倍，所以才會被投資界尊稱為股神。台灣一些投資老師很敢吹噓，動不動就是獲利幾十倍、幾百倍，即使是真的，也都是短期的，而且還沒算上虧損的。如果一年投資獲利十倍，五年『複利』下來就是16萬倍，投資100萬，就變成了1,600億，投資老師早就成了台灣首富了。相反地，美國長期的調查指出，75％的股票基金經理的投報率比市場大盤還差。所以，投資老師說的獲利倍數，也不符合投資專業的『常理他洽』。我們多數人都有不同程度的貪心，而一些不善思考的人，就很容易被投資騙子用主力、內線的高獲利說法所欺騙，往往成了被割的韭菜。」

黑狗接著說：「是啊，我覺得還違反了感知他洽，因為自己的親朋好友中，沒聽過靠炒股暴富的，反而是虧錢的占多數。」

貓頭鷹欣慰地點頭，接著說：「的確，鸚鵡和烏龜點出了這件事，違反了人性和投資的常理他洽，也如黑狗所說的，違反了感知他洽。很多投資老師分析股票投資，聽起來非常專業，其實不過是『事後諸葛亮』而已。」

「金融投資要能長期獲利，需要非常非常強的專業能力，甚至要很有天分。曾有世界知名大學的經濟學教授，甚至諾貝爾經濟學獎得主，都曾栽在金融投資裡。所以，投資股票要能夠長期獲利，比做生意賺錢要難多了，因此巴菲特數十年的平均年化報酬只有21％，就被『投資界』封為股神。」

「股票上的投資和投機，形式上非常像，都希望藉由高低價差獲利，但本質有很大不同。如果買賣股票這麼專業的領域，自己不下功夫去鑽研，卻想靠股市名師或明牌賺錢，不是很明顯是投機嗎？這樣的動機不就是和想在澳門賭桌上發財一樣嗎？即使偶爾運氣好賺了一把，但持續投機最終還是會輸。如果在虧得起的前提下，還是想試試，那就去吧，把它當作一種人生課程。」

「聽說過物理天才大師牛頓炒股的故事嗎？這故事首次記載於1804年 William Seward 寫的《名人軼聞》裡。牛頓曾經投入7000英鎊，購買有政府背景的英國南海公司股票，兩個月後賺了一倍，七個月

後更是漲到 1 股 1000 英鎊，增值八倍，於是他立刻再投入。沒過多久，投資泡沫破裂，許多人血本無歸，牛頓在 1720 年也虧了 2 萬英鎊，相當於今天的 300 萬美元。牛頓感慨地說：『我能計算出天體運行的軌跡，卻難以預料到人們的瘋狂。』其實，牛頓連自己的瘋狂、貪婪也沒預料到。」

「從牛頓的例子，我們可以看出，平常非常理性的物理學家，遇到大筆金錢、重大利益時，不但很難再理性了，甚至流露出隱藏在內心、自己也不知道的貪婪，而這也是金融投資最難的一面——勝過自己人性中的貪婪、恐懼和自以為是。」

鸚鵡聽了後：「前輩，真謝謝您今天分享的內容，我知道怎麼和表妹交流了。原來，謠言止於邏輯思考。」

貓頭鷹微笑著點頭說：「嗯，很好。你們一定聽過『天下沒有不是的父母』這句話，我們來用邏輯判斷這句話對不對好嗎？」

鸚鵡搶先發言：「雖然說『天下父母心』，但還是有極少數不好的父母，比如新聞偶爾會報導父母虐待孩子，甚至還有些地方存在著父親對女兒執行『榮譽處決』的恐怖行徑。」

聽完鸚鵡的分享，貓頭鷹補充說：「鸚鵡，你說的是『少數的事實』。我們之前提到過，邏輯是引導思考，運用常理去處理訊息。常理是被大家普遍認同的道理，卻不是百分之百的『必然』道理，所以，在進行邏輯思考時，常理是涵蓋了普遍情況，而不是涵蓋所

有情況。」

「除了討論個案或少數情況以外，一般人的日常交流都是按常理來說的『普遍情況』，因此，我們有時候會強調『按常理來說⋯⋯』。所以，鸚鵡說的雖然是事實，但屬於少數情況，不在『常理』的範圍裡。」

貓頭鷹微笑著說：「不知道你們有沒有發現，有時候在交流『非個人事物』時，不少人還是只講他個人的主觀經歷、感受，或是少數的個案，其實這有點偏題了。」

鸚鵡羞澀地說：「確實，前輩，我和閨蜜們交流時，經常會陷入這種情況，以前我們沒意識到這是一種偏離常理的交流。」

貓頭鷹鼓勵地笑道：「沒關係！這就是我們學習的過程，藉由這些練習，能夠逐漸培養出活用邏輯思考力，在日常生活的交流中，就能更理性、精準地表達觀點。」

黑狗接著分享他的看法：「天下沒有不是的父母，這是從小到大的教育，可以算是至理名言了。如果是以前的我，我會認為是完全沒錯，也符合事實。現在我開始學習用『地基邏輯』來判斷這句話，發覺從『動機、目的』來說，的確沒有錯；但如果從父母所採用的『方法』來看，就會發現常常無法實現目標，也就是方法和目標不一致，所以這句話違背了『本體自洽』。」

烏龜點頭微笑說：「嗯，我看法和黑狗一樣，而且這句話也不

符合感知他洽。」

　　貓頭鷹接著說：「很好，你們開始會用邏輯來判斷道理了，確實像黑狗和烏龜所說的，不過，讓我再舉例子補充說明一下。父母對孩子的教養，目的都是好的，希望把小孩教養成『身心健康，品格好，又有才能』。但很可能因為沒有學到合適的方法，而沿用過去的方法，不適合現今時代，或者不適合自己的孩子。再加上『身教』這個關鍵方法沒有做好，沒有成為孩子的好榜樣，很可能就無法有效地實現美好目的。」

　　烏龜高興地說：『天下沒有不是的父母』這句話，如果用二維邏輯的表面思維理解，就成了至理名言，但若是用三維邏輯思考，就很容易看出它不符合『本體自洽』和『感知他洽』了，差別好大啊。」

　　貓頭鷹開心地說：「你們分享得很好。如果我們沿著這個至理名言的例子，再去省察、梳理我們從小到大所學的各種傳統觀念和現代思維，你們就會發現有許多類似的問題。有許多道理、名言，如果用『超維邏輯』去思考，也會發現這些道理或名言可能是似是而非或者昨是今非。所以，我們下次要一起來練習如何梳理傳統觀念與現代思維。」

　　鸚鵡聽到以後，興奮地說：「太好了，我總覺得有些傳統觀念，很不適合現代社會，但又不大敢說，以前也沒有人可以交流。」

　　聽了鸚鵡的話，貓頭鷹不禁大笑：「哈哈，那你現在有地方可以大膽說出來了。對了，你們回去時，想想下次練習的例子。」

　　在回去的車上，鸚鵡興奮地說：「你們有沒有覺得，這樣的練習挺好玩的，還可以訓練邏輯思考力。」

　　黑狗開心地接話：「是啊，這真的就是邏輯遊戲。」

　　烏龜微笑著說：「哈哈，我也沒想到前輩用這種學習方式來引導我們，更重要的是，學習到融會貫通的邏輯思考，這還真托黑狗的福。走，我請你們吃好吃的。」

　　鸚鵡開心地大笑說：「哈哈，跟對大哥了，又有美食吃了！」

　　三人在歡聲笑語中，結束了這次愉快的學習交流，並且盼望能在不同情境的邏輯遊戲中，繼續遊玩。

第十章

盡信書，不如無書
——用邏輯思考梳理傳統觀念、現代思維

在烏龜的公司裡，發生了一件讓他感慨萬分的事情。

一位剛加入公司的業務經理，在總經理烏龜面前，表現出一副唯唯諾諾的樣子，而當他轉頭對自己的下屬業務員時，卻充滿傲慢的官腔，像一個兩面人似的。於是，烏龜將這位年輕經理請進他的辦公室，親自為他倒了一杯咖啡，心平氣和地與他進行了一次內心的交流。烏龜以溫和的語氣，耐心地引導他，進而認識到自己錯在哪裡，並傾聽他的改善方案，還適當地給與一些鼓勵和建議。

在這次事件後的第二天，大家又聚在一起了。這種即學即用的聚會，不僅訓練了黑狗三人的邏輯思考，也讓他們的思維更加靈活，還能與志同道合的夥伴們，暢所欲言地分享內心感受。因此，他們對於每次的聚會都充滿期待。

鸚鵡再次迫不及待地首先講話說：「前輩，您上週提到今天要

用邏輯來梳理傳統觀念與現代思維，我很想交流一下社會中的不平等觀念。」

貓頭鷹面帶微笑，回應鸚鵡：「好啊，那你先說吧。」

鸚鵡的聲音中，帶著深深的回憶和情感，開始娓娓道來從小到大所遭受的不平等待遇：「我成長在一個傳統家庭，父母重男輕女的觀念根深蒂固。小學的時候，哥哥們可以盡情出去玩耍，而我則被要求留在家裡幫媽媽做家務，讓我從小就感到十分不平等。

當我高二的時候，我父親對我說：『女孩子不需要上大學，高中畢業就該去工作了。』但是，我堅持要繼續讀書，甚至提出自己打工賺學費，最後好不容易才贏得上大學的機會。但我那兩個哥哥讀大學時都不需要去打工，甚至每個月還有不少的零用錢。」

黑狗溫柔地注視著她，並緊緊握著她的手，仿佛在默默地說：「寶貝，沒關係，我會一直陪在你身邊。」鸚鵡轉向黑狗，微笑點頭，表達了她的理解和感激。

烏龜接著分享了他的觀點：「聽了鸚鵡的分享，我發現很多人從小就受到不平等觀念的各種誤導。昨天，公司一位新來的經理在我面前畢恭畢敬，卻對下屬們頤指氣使，絲毫不尊重他們。這讓我想到，不平等的思維常常會讓我們在有些人面前感到自卑，甚至卑躬屈膝，同時又在另一些人面前表現得十分自大，甚至囂張跋扈。一如在傳統社會的洗禮中，有些受盡婆婆虐待多年的媳婦，有一天

熬成婆婆了，再轉過頭來虐待自己的媳婦，這樣的惡性循環，影響到不同的世代。這就是不平等文化的影響。」

「不平等觀念的影響非常深遠，如果父親有不平等思維，就會認為孩子要聽他的話，卻不願傾聽孩子不一樣的想法。如果老闆有不平等思維，就會認為是自己賞員工一碗飯，卻不曾想過自己同樣需要員工的貢獻。所以，這種不平等思維，容易導致親子間產生疏離，以及員工和老闆之間彼此不滿的情況。」

鸚鵡聆聽完烏龜的分享後，感慨地說：「表哥，你說得好深刻啊。我也見過好幾個同事，在主管面前表現跟孫子一樣，對待送餐點的外送員卻很不客氣，一副有錢就是老大的樣子，就像台灣有句俚語『看高不看低』那樣。按邏輯來說，傳統的不平等思維，很明顯違背了常理他洽、感知他洽，理由也不充足。」

大家沉默了一會兒，貓頭鷹才開口說：「我 30 幾歲開始梳理傳統觀念對我的影響時，才發現傳統觀念透過家庭、學校、社會等多種途徑，潛移默化地深刻影響了我，其中有些觀念更嚴重地誤導了我。」

「鸚鵡所說的不平等觀念，是從農業時代的社會所遺傳下來的。不平等的本質，就是身分高低導致的雙標，上位者可以做，下位者卻不可以做，這無異是限制了下位者應有的自由和權利。人本來就是生而平等、沒有身分高低之分，這種上位者與下位者不平等的情

況之所以出現，完全是後天強加的結果。不平等的雙標，是傳統儒家所主張的『三綱五常』的本質，甚至古希臘的思想家柏拉圖，也支持極度不平等的奴隸制。如果我們不好好深入反思這些觀念，就會很容易糊裡糊塗地再傳給下一代，如同父母將一些未經反思而且不恰當的傳統觀念傳給我們一樣。」

　　黑狗聽後感慨萬分：「前輩您說得太對了。以前我讀過一篇文章，裡頭說有學者主張要梳理傳統文化和思想，當時還不太理解為什麼，現在才知道，原來這真的非常重要。我生肖屬雞，以前我媽跟我說不能找屬狗的，否則會雞犬不寧。現在學了邏輯思考後發現，這不過是古代人毫無根據的胡思亂想、穿鑿附會，所以違背常理他洽、感知他洽和續洽，卻一代代地以訛傳訛到現在。我那時候還不會邏輯思考，所以還真相信我媽說的呢。俗話說『小孩子好騙』，我現在發覺不只是小孩子好騙，只要是不善於邏輯思考的人都好騙。」

　　烏龜再次分享說：「說到傳統文化，我想到以前看過的一篇文章說，在古代專制帝制下，老百姓生活得很慘。明太祖朱元璋洪武 19 年，福建沙縣百姓羅湖等 13 人抱怨法律太嚴苛、生活困難，被人告發後，13 人均被斬首示眾。最可怕的是連坐制，即使拼命又小心地做了順民，如果鄰居、親戚犯了罪，自己沒有舉報，就一起連坐受罰。在這種集權又恐怖的制度下，老百姓為了活下去，被迫丟棄靈魂、氣節、理想和良知，只能一忍再忍，成為官員、皇帝眼中的賤民。」

「上海復旦大學錢文忠教授有段名言：『因為經歷了太多的磨難，於是習慣了無底線的忍耐和承受。這導致底層人民徘徊在兩個極端，一面狼性，一面羊性。在強者面前，比羊還要乖順；在弱者面前，比狼更加兇狠。』如今，我們很幸運地生活在平等的時代，但這種文化特性，還是可能透過傳統觀念，藉由文化、習俗、教育流傳下來，至今仍在無形中深刻影響我們。」

貓頭鷹補充說：「嗯，你們分享得很好，也很深刻。烏龜深度思考所學訊息、知識，就可以有深刻地領悟，看見別人看不到的真相。很明顯的，這種深刻領悟，就和表淺的感覺、認知差別很大。更讓我們深刻知道，用邏輯思考來檢視、梳理傳統觀念和現代思維的重要性。」

黑狗深思後說：「我還想到了一句流傳甚廣的名言『行萬里路勝讀萬卷書』。這句話似乎也是從農業時代傳承至今，現在仍然被許多人所相信。相對於現今，農業時代交通很不方便，行萬里路非常困難，生活範圍非常小，更沒有電腦網路等設備，知識與見聞都相當有限，所以用行萬里路來提升見聞、增加知識。現今，行萬里路很容易，很多人都去過不少地方旅遊，但我們行萬里路多數是以休閒遊樂為主要目的，不再單純只是為了增加見聞與知識，因為見聞、知識都可以輕鬆快速從網上獲取。也就是說，現今和以前時代相比，行萬里路的主要目的已經大不相同了。而且，如果不善於邏輯思考，

即使行萬里路增加了見識，或者讀萬卷書成為博學強記，都無法培養出 AI 時代所需的思考力和創新力，而我們將要邁進的時代正是 AI 時代。

　　所以，若是只將「行萬里路、讀萬卷書」當成學習的標準，就是違反『學習知識要善於思考』的常理，因而不符合常理他洽。我們的感知經驗也知道，生活中不少人雖然高學歷或是博學強記，可以在學校教書、做研究，卻無法將見聞、知識在生活中活用，比如許多教授或專業講師學了許多道理和知識，卻依然過不好生活。相對地，香港李嘉誠、台灣王永慶都只有小學畢業，不但經營企業非常非常成功，也很有人生智慧，原因就在於他們善於思考。所以，讀萬卷書和善於思考是有相當距離的，因此，這句話也不符合感知他洽，當然也不符合充足理由。」

　　貓頭鷹輕輕點頭，欣然表示：「黑狗，你舉的這個實例很貼切，解釋得也很好。用邏輯思考來梳理傳統觀念、現代思維，其實就是孟子所說的『盡信書，不如無書』的實際運用。好，我們再來練習邏輯判斷這句流傳挺廣的名言：存在即合理。」

　　鸚鵡首先提出疑問說：「前輩，這世界存在許多罪惡，難道這些不好的存在，也是合理的嗎？所以這句話明顯不符合常理他洽。」

　　黑狗接著說：「我再補充鸚鵡的話。即使有一些好的存在，比如善行，這些存在也不足以支持其結論，所以違反充足理由。」

烏龜思考後說：「前輩，我發覺好多道理、名言，都像這句話一樣。」

貓頭鷹微笑著說：「的確如此，因為很多道理、名言往往是歸納得出的，又只按片面現象來歸納，所以就會造成這種結果：違背常理他洽或感知他洽，也違背理由充足。」

黑狗有點激動地說：「我最近在用短影音訓練我的邏輯判斷，就發現『毒雞湯』實在太多了。之前看到一個美女網紅，在影片裡鼓吹說：『女人負責貌美如花，男人負責賺錢養家。』按照她的道理，那如果她老去了，不再貌美如花了，難道她會允許她的伴侶拋棄她，而另找其他貌美如花的女人？所以這個說法很明顯違背本體自洽、常理他洽、感知他洽和充足理由。」

鸚鵡笑著說：「哈哈，我有個研究所畢業的閨蜜卻覺得很有道理，還轉發那個影片給我看呢。看來高學歷和不善思考，這兩者是可能並存的。」

貓頭鷹接著說：「我們常會聽到看似矛盾的人生格言，兩邊聽起來似乎都各有道理，卻彼此對立，如，『男兒膝下有黃金』VS.『大丈夫能屈能伸』、『成大事者不拘小節』VS.『細節決定成敗』、『萬般皆下品，唯有讀書高』VS.『百無一用是書生』、『人不可貌相』VS.『相由心生』、『薑是老的辣』VS.『青出於藍而勝於藍』等等。」

　　「事實上，很多人常常只根據自己的經驗、喜好或價值觀做出主觀的選擇，就不可避免地以偏概全，也很可能誤用。比如，很有廚藝興趣和天分的人，如果盲從『唯有讀書高』而放棄了興趣和天分，很可能將來就只是一個大學畢業的普通上班族。相對地，有位上海同濟大學建築系畢業的女學霸，因為興趣原因，研究所改念酒店管理，再從月薪 23,000 的餐廳學徒做起，經過五年的持續努力、不斷鑽研，而且建築系所培養的設計能力和研究所的學習能力，使她和傳統廚師有很大區別。如今已經成為上海兩家熱門餐廳的主廚，按興趣快樂工作，又有很好的成就。所以，即使我們可以通過邏輯判斷，看出許多人生格言的不合邏輯之處，但如何運用這些名言才不會以偏概全？才不會錯用呢？」

　　「要避免以偏概全，就必須用『超維邏輯』來調和、貫通而使其不矛盾。例如，孟子主張的『性善說』和荀子主張的『性惡說』都有片面道理，但也都違反他洽和感知他洽，而且兩者似乎又彼此矛盾。」

　　「運用超維邏輯，我們就可以調和兩者如下：我們人類天生有良心，所以是『先天性善』，但受到後天環境的不好影響，良心逐漸麻痺，但並沒有完全喪失。因此，先天的性善逐漸變成了『後天的性惡』。這樣，兩者就得以調和、貫通，不僅符合邏輯，而且理由充足。」

鸚鵡讚嘆地說：「前輩，這個爭論了兩千年的問題，許多學者也有各自的解釋，在活用邏輯思考下，居然可以如此輕鬆地調和。」

貓頭鷹笑著回答：「調和、貫通是最好的方式。如果一時還無法調和、貫通，至少要先理解這些名言的本質精義和適用範圍、前提條件。許多只有片面道理的名言，只在它的適用範圍裡，或需滿足其前提條件，才是有道理的。」

「以『人不可貌相』vs.『相由心生』為例，『相由心生』雖然是真實的，但在運用時有前提條件，要具備『能透過人的外表看出內心』的能力。缺乏這種能力的人，因為無法透過人的外表看出內心，自然會贊同『人不可貌相』的說法。如同之前所交流的，我們人都會不同程度地包裝自己，如果是重要的關係人，比如男女朋友、創業夥伴等，就還需要搭配其他方法，而不只是從外在的言語、行為、習慣、愛好等來判斷其內心。」

鸚鵡接著話題說：「前輩，我想到了這幾年流行的一句話：『會讀書不如會投胎。』這句話的後半句『不如會投胎』是一種無奈的玩笑話，但前半句『會讀書』，與剛剛黑狗提到的『讀萬卷書』的道理相似。」

「如果將這兩句話『會讀書』、『讀萬卷書』，對照愛因斯坦所說的『學習知識要善於思考』來思考，就會發現愛因斯坦的這句話是有『充足道理』，而『會讀書』、『讀萬卷書』只是有『部分道理』。

因為這兩句話是有前提條件的，其前提條件就是『學習知識要善於思考』否則會讀書可能只會考試或死讀書，而不會消化、活用。」

　　貓頭鷹聆聽完鸚鵡的分享後，豎起大拇指，由衷地讚揚道：「小鸚鵡啊，你真不簡單，用邏輯把幾句名言解釋得很好，而且還把兩者之間的關聯性說得很清楚。」

　　貓頭鷹喝了口咖啡，接著說：「有不少企業老闆們都說：『創業時，要快速試錯。』這是甚麼意思呢？讓我舉個實例來說明。比如，有個創業者想到一個創業點子：賣胸罩的自動販賣機。他要如何快速試錯呢？」

　　「他可以用實踐的方法來驗證、試錯，比如做個樣機，或者在計畫擺放自動販賣機的地點直接擺地攤賣胸罩。後者是不是比前者的驗證成本低得多？而且又快速？那麼，還有沒有成本更低，又更快速的驗證、試錯方式呢？」

　　「有的，就是用邏輯、常理來驗證。購買胸罩是件非常私密的事，需要私密的場所，這是人性的常理和生活的普遍經驗，所以這個創業點子違反了常理他洽和感知他洽。」

　　「科學可以用狹義邏輯、其他理論，低成本、快速地邏輯推導、理論驗證，然後再做實驗驗證，而技術是較高成本的實踐、經驗驗證，這就是科學能夠超前並引領技術的原因。所以，重大事情都可以藉由邏輯思考來預先進行低成本驗證，像重要工作面試前的預先

演練一樣，就可以避免重大錯誤，並且提高成功率，更可以不必付出重大成本。」

「下次開始，我們就要進入重要的邏輯情境：感情、職涯、創業、解決問題，讓我們用邏輯思考來避免重大錯誤，並且提高成功率。」

鸚鵡聽了後，開心地說：「前輩，這幾個重要方面，我都需要您的引導，幫助我解開許多迷津，讓我能正確決策，不用付出重大代價。」

烏龜和黑狗聽了，也連連點頭。

第十一章

戀愛、婚姻的邏輯思維
——你以為的「最終目標」很可能只是「階段目標」

　　黑狗和鸚鵡吵架了。這一次，鸚鵡無法再保持沉默，因為她的內心裡，有件事讓她越來越不安。

　　在一起三年了，兩人還是很甜蜜，但鸚鵡渴望更進一步，因為她一直夢想有一個自己的家，好脫離重男輕女的原生家庭。她不知道是否應該提起結婚的話題，因為她不想給黑狗壓力，但最近不安的心情常常不受控制。

　　黑狗逐漸恢復了昔日的陽光，他仍然努力工作，為了將來而奮鬥著。他深知鸚鵡期望兩人能夠建立一個共同家庭，也理解自己應該為兩人的未來做準備，但職場的不愉快、買房的壓力，以及未來的不確定性，讓他還不敢給鸚鵡法律上的承諾。雖然他現在可以理性面對這一切而不再焦慮，但他總覺得自己還沒有準備好進入婚姻，還需要更多的時間。

「黑狗，我們能不能談一下我們的未來？」鸚鵡終於開口了，她的聲音帶著不安和渴望。

黑狗溫柔地回應：「寶貝，你知道我很愛你，我也希望有個我們自己的家，但考慮到我現在的狀況，工作、房子以及未來，我覺得還需要一些時間。」

鸚鵡的眼淚開始模糊了她的視線，「我明白，但是我不知道還要等多久。我不想失去你，但我也不想一直遙遙無期地等下去。」

黑狗理解女友的不安和內心的矛盾，也清楚知道自己的責任，但高房價的現實讓他感到無力。兩人的情感一時陷入了僵局，都希望對方能夠理解和體諒，房子、未來、愛情、壓力等種種因素，成了交織在他們之間的難題。

可喜的是，這次吵架雖然沒有帶來答案和共識，卻讓他們明白了一個重要的道理——他們必須坦誠地面對彼此，而不是將問題藏在心底，因為太多猜測，會讓彼此的感情朝著不好的方向發展。

鸚鵡建議，兩人一起去找貓頭鷹前輩幫忙。基於對前輩的瞭解和信任，黑狗馬上發個 Line 向貓頭鷹前輩說明。沒多久，前輩就回覆了令人安心又興奮的好消息：「好的，沒問題。」

這次發送消息給前輩，意味兩人邁出了一步，不再像以前一樣地孤軍奮戰，而是尋求外部的智慧和幫助。同時也是一個重要的信號，表明兩人同心面對問題的挑戰，而不是坐等被問題壓垮，更沒有選

擇逃避或粉飾太平。

交流的時間到了。等大家坐好後，貓頭鷹喝了一口咖啡，輕鬆地直奔主題說：「我們今天交流的主題，就是戀愛、婚姻。你們以前有沒有想過，戀愛、婚姻的目的是什麼？」

黑狗、鸚鵡和烏龜三人面面相覷，沒想到前輩一開口就出個大難題。

黑狗首先說：「這問題真沒想過，從小到大，也沒有老師講過這個問題。我們常說『人生伴侶、少年夫妻老來伴』，所以我認為戀愛、婚姻的目的是兩人互相陪伴。」

鸚鵡接著說：「這問題好大啊。我和黑狗在一起很開心，所以我覺得戀愛、婚姻的目的是開心。」

烏龜沉思後說：「前輩，這個問題的答案應該是因人而異吧？每個人的目的不大相同才對啊，因為每個人的性格和價值觀不同啊。我剛才還問了 Chat GPT，它的答案也是說因人而異。」

貓頭鷹聽完三人的答案後，微笑著開口說：「我先講個故事。有兩位大學同學，一個住台北，另一個住台南，兩人相約在台中見面。住台北的，去台中要南下，住台南的，去台中要北上。兩個人為什麼都不會走錯道路？因為他們都清楚『最終目的地』。」

「如果台北的同學，把南下路程中的新竹錯當成他的『最終目的地』，台南的同學，如果把北上路程中的彰化錯當成『最終目的地』，

那麼結果將會天差地別。這個實例告訴我們，『最終目的』對於結果和過程都至關重要，因為它會引導我們方向和道路。如果我們清楚做一件事的『最終目的』，就能避免走錯方向，迷失道路。」

烏龜若有所悟地說道：「前輩，我似乎理解您的意思了。就好像有人說，上高中的目的是為了讀大學，讀大學的目的是為了找工作，工作的目的是為了賺錢。但這些目標，都只是整個過程中的『階段目標』，它們並不是『最終目的』，也就不是『真正目的』。事實上，它們只是實現最終目標的『手段』，就像到達新竹或彰化，只是為了實現前往最終目的地（台中）的階段目標、手段，並不是真正的目的地。是這樣嗎？」

黑狗接著說：「表哥說得很有理，這樣想的話，我發覺我自己常會把階段目標當成『最終目標』，因為我沒有想清楚『最終目標』。」

貓頭鷹欣慰地微笑說：「是的，你們分享得很好。對於重大事情，要想清楚『最終目的』的最主要原因，就是『最終目的』是我們行動的方向和道路的指引，因為它是我們做事情的『真正』目標，也引導我們去思考：要實現最終目的的關鍵要素有哪些？」

「如果戀愛的目的是結婚，那麼結婚的目的是為了傳宗接代嗎？那小孩撫養長大了，是不是就失去目標而茫然了？」

「如果我們只看著每個階段的目標，就會很容易迷失方向，因為在不斷追求『眼前目標』的過程中，常常忽略了『整個過程』為

什麼要這樣做。如同四百米接力賽一樣，每一棒都是為了『最終目的』：得勝利，但每個階段也都有它的階段目標。第一棒是最短距離，目標要加速最快；第二棒是最長距離，目標是要保持速度的耐力；第三棒是彎道，需要高超的彎道技巧；第四棒可看作衝刺直道，需要頂尖的實力和堅強的心理素質。」

「就像例子中的那兩位大學同學，一開始就清楚自己的最終目的是台中，所以就不會走錯，也不會疑惑。重大的事情，需要想清楚整個過程的『最終目的』，同時每個階段的目標都要與最終目的配合、一致。不能只看眼前的階段目標而忽略了最終目的，這樣就能避免各個階段目標的方向不一致。」

說到這裡，貓頭鷹停下來喝了口咖啡，才又繼續說：「形式上，婚姻就像是一場陪伴，或是一段快樂生活的旅程，所以婚姻關係的形式，和寵物、朋友、家人很相似，所以有些人會暫時用其他關係代替婚姻關係。」

「如果用超維邏輯來思考，就可以深刻認知戀愛、婚姻的本質。婚姻的本質，是兩個人身心靈和命運的長久結合，是一種最親密的獨特關係，例如，基督教的結婚誓言點出了婚姻的本質含義：『無論是順境或是逆境、富裕或貧窮、健康或疾病、快樂或憂愁，我將永遠愛著您、珍惜您，對您忠實，直到永永遠遠。』因此，婚姻的最終目的就是『兩人長久幸福』。」

　　鸚鵡接著說：「前輩，經您這樣解釋，我才看清婚姻的本質和獨特性，也就知道為什麼婚姻如果不幸福，對兩個人會有那麼大的影響。因為一開始那麼甜蜜、美好的戀愛，卻因為各種原因而逐漸變得冷淡，甚至彼此仇恨，這就好像從天堂掉進地獄一樣，太可怕了。」

　　黑狗接著說：「是啊，原來婚禮、陪伴等等，都不過是婚姻的種種形式而已，婚姻的本質是身心靈和命運共同體，難怪俗話說『丈夫或妻子是另一半』，還說『夫妻本是同林鳥』。如果兩人不能長久幸福，命運共同體就很難持續下去，很可能就變成是『大難來時各自飛』了。前輩，您這樣解釋實在太深刻了，用這種思維，就能解釋婚姻的各種現象和目標。如果還是只考慮自己，那就表示『心態』還沒準備好進入婚姻，也就很難實現兩人長久幸福。」

　　聽了大家各種分享後，貓頭鷹很高興地說：「好，我們現在已經清楚戀愛、婚姻的『最終目的』了。接下來，我們就可以在它的引導下思考實現這個目標的『關鍵要素』有哪些。請看圖 32 所示。

　　圖 32 就是運用超維邏輯來思考戀愛婚姻。首先從『最終目的』──兩人長久幸福，開始思考，再進一步思考實現最終目的所需要的關鍵要素，分成了兩大部分：一是兩人相愛，二是彼此合適。」

　　「為什麼真心相愛不足以實現最終目標，還必須彼此合適呢？原因在於，如果目標僅僅是尋求短時間的快樂、激情，彼此合適可

能就不是一個關鍵要素。但是，如果最終目標是要實現兩人的長久
幸福，那麼『彼此合適』就變得非常關鍵。」

超維邏輯思考戀愛婚姻

本質1因		本質2～4因			外在表象／結果
1.核心、最終目的	兩人長久幸福	時期	戀愛期	初婚期　命運結合期	外貌 身材 年齡 收入 資產 儀式感 約會 陪伴 生活 婚禮
		2.關鍵要素	① 兩人相愛（感覺……） ② 彼此合適（條件、三觀、性格、性靈……）		
		3.有效方法	① 需要找到各階段的關鍵事情（包含勝過反向動力）的有效方法 ② 如：戀愛階段；看人（知人知心）的有效方法		
		4.正反動力	① 正向動力：愛情、性愛和諧、相處舒適、心靈的共鳴…… ① 反向動力：摩擦、爭吵、個人的問題、外在誘惑……		
地基邏輯					

圖32　運用超維邏輯思考戀愛婚姻

「這是因為絕大多數的情侶一開始擁有的都是美好愛情，而且
常常很甜蜜。然而，為什麼絕大多數人的美好愛情最終都會逐漸消
逝呢？如果兩人在一些重要方面不合適，即使一開始甜蜜恩愛，就
會被頻繁的衝突、持續的爭吵侵蝕，甚至逐漸消耗殆盡，最終就主
動或被動地分手，各自再找下一位。相對地，如果相愛的兩人還『彼
此合適』，相處起來會自在、愉悅、舒服，這會進入一種正向循環，
不斷地增進、延續兩人之間的甜美愛情，就自然會想進入結婚的關
係（命運共同體），而不是在社會或父母壓力下被迫結婚。」

貓頭鷹微笑著繼續說：「相對於上一個世代的人，現在的我們

對於婚姻關係的要求更多，也比較不願意勉強或委屈自己，所以『合適』就變得更為關鍵。在婚姻關係中，如果夫妻不合適，會逐漸成為有名無實、不幸福的夫妻，甚至最後成為怨偶一對。」

「所以我們才會看到，有些年長夫妻在小孩長大後就不願再忍耐了，或者實在無法忍受下去，最終選擇了『熟年離婚』。根據最新的統計，美國有三分之一的離婚族群超過 50 歲，而日本七成的熟年離婚是由妻子提出的。」

鸚鵡恍然大悟地說道：「前輩，您真是一針見血。我和黑狗在一起，都感到非常舒服和快樂，已經交往三年了，但愛情之火仍然熊熊燃燒，甚至感覺更加深刻。我本來以為是因為我們很有緣分，現在經您這麼一說，我才清晰地認識到，我們之間的感情，相遇是緣分，更關鍵且珍貴的是彼此合適。」

黑狗緊接著補充：「沒錯，和鸚鵡在一起時，我一直覺得輕鬆又自在，兩人自然地互相吸引、欣賞，不用刻意去討好對方，也沒有要求對方照自己的意思來改變。我們的溝通非常順暢，而且對許多事情的看法也十分相近，即使不同也都能尊重和包容。」

「坦白說，我之前交往過的女生，相處時常常讓我感到很累，不但要猜對方的感覺、想法，還要捧在手心裡呵護，而她們也都能從我身上找出各種不喜歡的地方。現在我明白了，之所以『相愛容易相處難』，就是因為彼此不合適，而大家常說『在對的時間遇見

對的人』，所謂『對的人』，就是真心相愛又彼此合適的人。不過，兩人相處時，不要把小問題放大成大問題，因為沒有人是完美無缺的。」

　　貓頭鷹微笑著說：「嗯，你們分享得很好，正如俗話所說：『合適的，才是最好的。』剛才圖 32，已經將『彼此合適』所包含的各種關鍵要素都清晰地呈現出來了，需要強調的是，這些合適的關鍵要素，不是一定要全部滿足才能實現長久的幸福，而是要思考這些關鍵要素，對於實現兩人最終目標的影響。」

　　「就像學校考試會考好幾科，每科成績難免有高有低，要上好學校並不需要追求每科分數都非常高；感情也一樣，只要兩人覺得合適就好。朋友、家人的意見可以參考，但自己是否幸福、兩人是否合適，其中的冷暖，應該自己最清楚。感情和生活的好壞，最終都是自己要承受的。」

　　三人聽完貓頭鷹這段話以後，紛紛點頭表示認同。

　　貓頭鷹微笑著說：「好，黑狗、鸚鵡，我們現在回到你們的身上。我剛才所分享的戀愛、婚姻的思維，你們不妨想想看：怎麼運用在你們身上？那些思維可以化解你們之前溝通時的僵局嗎？」

　　鸚鵡稍稍想了一下就說：「前輩，您讓我深刻領悟了戀愛、婚姻的最終目的，以及本質和全貌。我現在明白了，之前的不安感主要是受到傳統社會觀念的影響，過於看重婚禮形式以及買房的安全感，

以為那些是最重要的，以為有了那些我就會幸福。現在我明白了，我和黑狗之間的真心相愛和彼此合適，才是實現最終目標的最關鍵要素。也就是說，我們已經擁有了長久幸福的堅實基礎了，因為我們在一起的確都感到很幸福了。」

「至於婚禮和擁有自己的房子，這些『相對次要』的東西，我相信只要我們一同努力，將來都會實現。就算將來沒有買自己的房子，租房也沒關係，因為已經擁有的，就足夠實現我和黑狗的長久幸福了。在情感幸福的關鍵要素上，原來我們是富足的，而不是貧乏的。」

這個深思熟慮的回答，顯示出鸚鵡對於他和黑狗的感情，有了本質而全新地認知，因此她對兩人的感情，有了更多的滿足和安全感，也對未來有更堅定的信心。她醒悟了，不再被偏差的社會觀念所誤導，而是將眼光放在了兩人之間已經擁有的真心相愛和彼此合適上。

貓頭鷹很高興地看著鸚鵡和黑狗，一邊鼓掌一邊說：「你們真是令人羨慕的一對。合適的兩個人能夠相遇、相愛，本就是一種奇妙的緣分，你們不但相遇了，三年後還有這麼甜美的愛情，而且越來越美好，真是太棒了。」

「讓我再進一步解釋一下鸚鵡提到的不安全感。通常一般人的不安全感，很大一部分來自於未知或錯誤認知。所以，我只是引導你們兩位，深刻認識戀愛與婚姻的最終目的和關鍵要素，讓你們從未知和錯誤認知狀態，變成看清你們情感的本質、真相和未來。當未

知或錯誤認知這些因素被消除了之後，不安的情緒自然就大幅減退，這就是『理智導情』所帶來的甜美果實，而且這種果實還能更豐盛。」

烏龜隨即發問：「前輩，這種方法，對每個人都會有這麼大的效果嗎？」

貓頭鷹微笑著回應：「我可以保證，這種方法，並不是對每個人都能像對鸚鵡一樣產生如此顯著的效果。人和人之間雖有共通性，同時在心靈和經歷上也有很大的差異，所以要因人引導、因材施教。

有些人，因為先天和後天因素的影響，內心可能更傾向於物質欲望，或者深陷社會觀念的捆綁，因此單靠心智層面的引導，可能難以馬上就取得很大改善。另外，還有一個重要前提——鸚鵡和黑狗對我有相當程度的瞭解和信任。」

貓頭鷹微笑著繼續說：「在生活中，特別是戀愛、婚姻這件大事上，我年輕時和許多人一樣，所用的思考方式是『列出擇偶標準』，不論是用條列式或結構式。2022 年，Youtuber 蔡阿嘎曾經公開『台灣人的理想配偶條件』的調查結果[1]。21 至 40 歲男性注重的五大條件為『感情專一、脾氣好、長相好、溫柔體貼、尊重對方生活方式』。至於 21 至 40 歲女性注重的五大條件，則是『感情專一、可靠有責任感、脾氣好、尊重對方生活方式、工作穩定』。」

---

[1] 參考連結 https://www.youtube.com/watch?v=NRwkBwi-llU

　　「我把同一思考情境：戀愛婚姻，兩種不同思考方法，放在一起對照，圖 33 所示。

戀愛、婚姻	同一思考情境，不同思考方法
最終目的：兩人長久幸福 （四維邏輯）	列出擇偶標準 （二維邏輯）
一、本質 四因 　　1. 本質1因：最終目的 　　2. 本質2因：關鍵要素 　　3. 本質3因：有效方法 　　4. 本質4因：正反動力 二、外在形式 　　外貌、身材、學經歷、儀式感……	一、條列式： 　　感情專一、可靠有責任感 　　脾氣好、長相好、溫柔體貼 　　尊重對方生活方式…… 二、結構式： 　　1. 條件：收入、學經歷….. 　　2. 外在：身高、長相…… 　　3. 內在：專一、脾氣好、體貼……

圖33　不同思考戀愛婚姻方法

　　這兩種不同的思考方法有什麼差異？會產生什麼不同結果？二維邏輯的表面思維，沒有『最終目的』的引導，就容易產生下列嚴重迷思，很可能就無法實現最終目的。首先，很容易沒有考慮到『充足的關鍵要素』，而只想到『部分』的關鍵要素，換言之，就是只有片面道理而沒有充足道理。其次，也容易把輕重、主次搞混，因為受價值觀、喜好的影響，有些人更看重眼見的外在條件：外貌、身材、儀式感等等，卻不知其他要素對於實現最終目標更重要。還有，也容易受傳統觀念的影響，誤以為感情、婚姻可以靠經營、磨合就能幸福，殊不知感情的經營與習慣的磨合，都是要在『兩人相

愛又彼此合適』的前提下，才會有好效果。」

　　黑狗提出建議：「前輩，下次我們能不能談一下職場發展的問題？我想以我自己的情況為例來分享一下我的想法，請大家一起交流，特別是需要前輩的引導。」

　　貓頭鷹高興地回應：「當然可以啊，事業發展是人生中非常重要的部分，很需要用邏輯思考好好思考和規劃。」

　　鸚鵡興奮地加入：「我也很期待討論職場發展，因為我也挺困惑的。」

　　在回家的車上，鸚鵡開心地對黑狗說：「寶貝，這一次的爭吵，反而成為我們成長的契機呢。」

　　黑狗緊緊握著鸚鵡的手說：「以後如果我們再遇到重大事情的爭執時，我們還要像這次一樣，不僅要一起面對和相互理解，還要用邏輯思考來解決問題。」鸚鵡獻上深情的吻來回應。

　　經過這次事件後，黑狗和鸚鵡感到更加親密和堅定，因為他們學到了如何以更理智的方式來看待感情，而且在爭執中仍然感受到對方的愛。

第十二章

職涯發展的邏輯思維
——培養「高價值能力」，達成「60歲財務自由」

某個晴朗的下午，黑狗又一次思考著：「我是否應該換工作了？」

黑狗產生這種念頭至少也有五、六次了。大學畢業後的這五年，黑狗一直在同一家公司工作；從新手到熟練，在工作中學到不少，也因為表現傑出，逐步晉升為行銷部副理。

可惜的是，除了公司內部有各種狀況，黑狗也覺得，目前他在公司的職位和學習都已停滯不前，老闆也缺乏企圖心，這幾年都沒有規劃新項目，所以公司一直沒有成長。如果再繼續這樣下去，黑狗認為他將無法實現「60歲時財務自由」的理想。

在轉職這個問題上，黑狗已經和表哥進行過深入的討論。雖然表哥非常支持黑狗尋找新的發展機會，但黑狗還是很想聽聽貓頭鷹前輩的建議，幫助他做出明智的決策。

所以，這一天黑狗先舉起手說：「前輩，我想先談一下我在職

場的現狀和計畫，希望能得到您的建議。」

　　看到黑狗有些迫不及待，貓頭鷹似乎並不意外：「好啊，你先分享一下。待會，我也期待能聽聽鸚鵡和烏龜的意見。」

　　黑狗立刻講述工作中的種種挑戰，尤其是部門主管對他的打壓，不滿之情溢於言表。另外，他也說出了自己對職業生涯的規劃，希望能夠實現自己的理想，並且和鸚鵡一起過上理想的生活。

　　黑狗說完後，鸚鵡溫柔地看著黑狗，鼓勵地說：「我支持你的決定，我們一起努力。」鸚鵡的溫柔支持，仿佛是一縷溫暖的陽光，讓黑狗感到鼓舞，讓他更有力量前行。

　　烏龜則以他一貫的成熟態度發表看法：「職涯規劃和發展，其實也是一條道路。起點是認識自己，終點是最終目標，而且最終目標也是和起點高度相關的，這樣思考就會比較清楚職涯應該如何規劃、努力了。我也是經歷過很多次嘗試和不斷調整，目標才越來越清晰，也越來越有把握。當然了，嘗試和調整都需要一定的勇氣，因為不管是事業或人生，都有些我們無法掌握的部分，比如我就比較幸運，每次跳槽都很順利，所以今天才有點小成就。」

　　安靜聽完大家的分享後，貓頭鷹才緩緩開口：「事業是我們人生很重要的部分，因為它是多數人獲取收入的主要經濟來源，所以很多人的困惑、壓力和焦慮，主要都是來自於事業。比如，有人想要斜槓來提高收入，更努力賺錢卻效果有限；有人覺得生活太辛苦，

想著不如躺平但又不甘心；有人則是在陪伴家人與加班賺錢之間搖擺不定。這些都是職場真實的一面，但如果只是這樣看待，那又是以偏概全、盲人摸象了。」

「多數人在選擇職業或者轉換工作時，常常會有很大的不安與壓力，主要是因為不知道要考慮哪些要素，不知如何選擇職業，將來會有什麼樣的結果？當然也就沒有任何把握。之前，鸚鵡對愛情的本質和發展有強烈的困惑，自然就會產生『以後不知會怎麼樣？』的不安全感；而黑狗現在對事業有不知如何選擇、行動的困惑，當然也就會出現『現在應該要怎麼辦？』的焦慮感。」

黑狗聽了點點頭：「是啊，前輩，認識您之前我就是這樣，後來您引導我先救急、治標，大幅減低了我的焦慮，但您說問題還要治本。」

貓頭鷹微笑說：「是的，如果只是思考『要不要換工作？』或『要換什麼工作？』這類的問題，那都只是治標，因為解決的是『眼前的問題』。相對地，深入思考整個事業的過程和全貌，才是治本。所以，我們要先交流幾個基本的事業觀。」

「首先，事業雖然是人生中很重要的部分，但不是人生的全部，所以還要把其他兩個重要部分——生活和家庭——放在一起考量，因為三者是深度關聯、互相影響的。也就是說，思考職涯規劃時，要同時『動態平衡』生活和家庭，這是第一個基本概念。」

　　貓頭鷹繼續說：「其次，我們常說：『愛拚才會贏』，這是農業時代的觀念，其實並不適合現在的科技時代了，而且這句話不符合邏輯，因為努力做為成功的理由還不夠充足。收入低的本質原因，常常不是不夠努力，而是缺乏『高價值的能力』。明智的努力，才能創造高價值，才會贏。這是第二個基本觀念。」

　　「就像剛才烏龜所說的，職涯、人生規劃的起點，是深刻認識自我，因為自我是我們最大的寶藏。我們的身、心、靈有天生的巨大潛能，需要我們去開發、利用，從而培養出『高價值能力』，會重大影響我們的事業和人生。這是第三個基本概念。」

　　貓頭鷹說到這裡，暫時停了下來。」

　　鸚鵡好奇地進一步提問：「我知道我們人有很大潛能，但以前沒有深入去思考。前輩，您可以再深入說明身、心、靈有哪些巨大潛能可以開發嗎？」

　　貓頭鷹很高興地說：「小鸚鵡，你這問題很好。你們先看圖 34 所示：

　　圖 34 是美國著名的組織行為學權威，史蒂芬·羅賓斯（Stephen Robbins）教授，在其《管理學》（Management）這本書裡的一張重要的圖。他經過研究後，認為在企業管理中，技術能力對於基層管理者最重要，人際能力對於所有層級的管理者都很重要，思考能力對於高層管理者最重要。這三類能力，是史蒂芬教授從管理學的角

度所做的研究和結論。請再參考圖 35 所示：

《管理學》　組織行為學權威：斯蒂芬·P·羅賓斯

高　層	思考能力	人際能力	技術能力
中　層	思考能力	人際能力	技術能力
基　層	思考能力	人際能力	技術能力

圖34　培養「高價值能力」的三類能力

潛能→能力→技能　四大類潛能，待開發成能力，再發展出技能

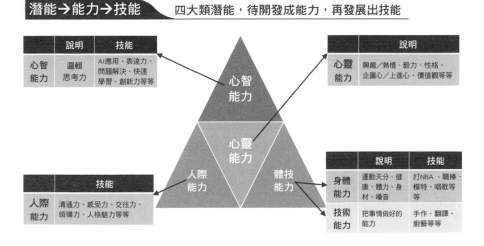

圖35　培養「高價值能力」的階段

　　如果我們再深入對照每個人天生就有的身、心、靈，就會發現人的潛能、能力、技能可以分成四大類：體技能力、人際能力、心智能力和心靈能力。」

　　「每個人天生的不同『潛能』，需要開發、培養成『能力』，能力再加上相應的知識和訓練，就會進一步發展成相應『技能』。技能和能力的關係，我們之前在第五次聚會中已經交流過了。你們注意到了嗎？為什麼我強調的是能力，而不是強調文憑、經驗、知識呢？你們想想，同樣是大學文憑，同樣是軟體工程師，同樣是業務員，但個人能力不同，收入往往差很多。同樣的，即使在同一家公司，基層員工和高階主管不就正是因為能力有別，所以收入差異也很大。」

　　貓頭鷹繼續說：「我們多數人，事業上的最終目標都是『60 歲左右財務自由』。財務自由不只是理想，也是每個人都需要面對的現實，更是需要明智努力才能實現的具體目標。但只有努力、文憑或知識，都不足以使人財務自由，更要有『高價值能力』，才能使人財務自由，而以上這四類潛能，都能夠培養出『高價值能力』。」

　　「比如職業球員，在身體能力方面很有天分，所以創造出高價值和高收入。同樣地，有些手工職人就是很有技術能力，可以做出很高價格的大馬士革刀或改裝車。清朝的和珅很會奉迎上意，深得乾隆的喜愛，就是在人際能力很有天賦。抖音的創始人張一鳴之所

以成功，正是因為領悟到，一個人的最關鍵能力是邏輯思考力所產生的認知。」

「馬斯克則是非常特別的一位，他兼具多樣天分和能力。他成為首富後，還在自己的事業上拼命工作，就是心靈能力的興趣所昇華出的熱愛，以及價值觀所衍生出的使命感。可惜的是，很多人只在文憑、知識、工作上努力，卻沒有努力培養『高價值能力』，就會有『努力卻效果有限』的感慨、困惑。」

黑狗聽完後，立刻有感而發：「古人說：『行行出狀元』，在各行各業中，如果逐漸培養出傑出的能力，也就可以實現財務自由。要培養出傑出能力，往往要發掘興趣、天分，然後努力練習、深入鑽研，『高價值能力』就會逐漸產生，也就會逐漸嶄露頭角。」

貓頭鷹很高興地點頭說：「嗯，黑狗，你的領悟很到位。假設在事業上的最終目標是 60 歲左右財務自由，那就是說，希望在 60 歲以前累積 1000 萬～ 1 億之間的淨資產（每人目標不同）。我們再來看圖 36 所示：

這張圖的左邊清楚地呈現出，要達到最終目標有四種方式：專業、高管、創業和投資。圖的右邊顯示的則是，要實現最終目標需要動態掌握的『關鍵要素』，從人和開始，也要同時考慮地利和天時。」

貓頭鷹繼續說：「左圖和右圖放在一起，中間有個雙向的箭頭

連接，表示可以先從左圖思考，再思考右圖；也可以先照右圖思考，然後再進一步思考、對應左圖。你們先思考、消化一下，待會我們再來交流具體運用。」

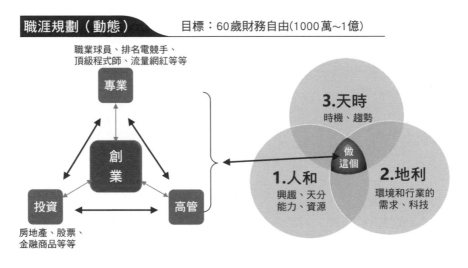

圖36　職涯規劃

鸚鵡看了幾眼，就高興地說：「前輩，這張圖就像一張全景圖，讓我有很清楚的整體感，不但避免漏掉一些關鍵要素，也清楚之間的關聯性，還知道具體如何運用。」

貓頭鷹笑著說：「嗯，再看圖37所示。」

「這張圖，就是用『超維邏輯』來思考事業規劃。以『發掘自我』為第一因、多數人想要的『60歲財務自由』為最終目的，這樣就形成了事業發展40年左右的過程。」

第一因：自我：興趣、潛能、性格、價值觀	本質1因		本質2～4因			外在形式／結果
	1.最終目的	60歲財務自由	階段目標	**開發期 (19-32 歲)** 1. 探索興趣、天分 2. 修練身心靈高值能力	**強化期 (33-50 歲)** 1. 強化長板能力 2. 創造出高價值	**累積期 (51-60 歲)** 1. 累積能力、資產到財務自由
			2.關鍵要素	① 四種道路：專業、高管、創業、投資 ② 人和：自我興趣、天分、能力、資源、性格、價值觀 ③ 地利：環境和行業的需求、科技 ④ 天時：時機、趨勢		年收入 淨資產 車子 房子 頭銜 辦公室 學歷 經歷
			3.有效方法	① 過程中，需找到各階段的關鍵事情（包含勝過反向動力）的有效方法 ② 例如：開發階段： 　　1. 發掘興趣、天分的有效方法 　　2. 培養關鍵能力的有效方法		
			4.正反動力	① 正向動力：興趣、企圖心、毅力、薪金、成就感、鼓勵、希望 ② 反向動力：惰性、挫折、困惑、壓力、焦慮、職業倦怠		
	地基邏輯					

超維邏輯思考職涯發展

圖37　運用超維邏輯思考職涯發展

「要實現『財務自由』的最終目標，有四條道路（專業、高管、創業、投資）可以選擇，道路雖然不同，但都需要相應的『高價值能力』；至於要選擇走哪條道路，就要同時考慮人和、地利和天時這三類關鍵要素，從發掘自我的興趣、特質（人和）開始，同時考慮外在環境和行業（地利），以及時機和趨勢（天時），因而開發、培養出『高價值能力』，以及符合市場需求趨勢的相關『技能』。」

貓頭鷹接著說：「一個人的事業發展過程長達 40 年左右，所以至少可分成三大階段：開發（興趣、特質），強化（能力、技能）、累積（價值、資源）。在這數十年的發展過程中，四條道路也可以視情況轉換，或者在有足夠能力的前提下兼顧不同道路。」

　　「然後，還要思考落實事業規劃、發展的『有效方法』，以及前進過程中會遇見的『正、反動力』，就能盡量提早做好準備，也不會因為反向動力而半途而廢。」

　　黑狗聽完後，感慨地說：「前輩，聽完您說的這些內容，我才認知到，我原來所思考的計畫，都只是想要解決短期的問題，也就只有表面的『治標』，很多關鍵要素我根本沒有思考到，難怪總覺得哪裡有不足。」

　　貓頭鷹微笑著鼓勵說：「嗯，很正常，因為你還不熟練『超維邏輯』。事業方面，有了『治本』的深度思考、規劃後，還要落實、轉化成生活中的行動計畫。」

　　「整個 40 年左右的事業發展期，如果分成三大階段，就會產生三個階段目標。不同階段就像在跑接力賽一樣，都是為了『最終目標』在努力，但每個階段也有側重的目標，而且要和『最終目標』銜接、配合。一般情況來說，第一階段最關鍵，再來是第二階段。你們再看圖 38 所示：

　　不同階段的目標，是從最終目標的 60 歲『財務自由』，往前倒推到 33 ～ 50 歲的階段目標：強化長板能力，創造出高價值；再往前倒推到 19 ～ 32 歲的階段目標：探索興趣天分，修煉身心靈的高價值能力。」

　　「根據事業的最終目標和階段目標，同時平衡生活和家庭，在原

有的生活中，再安排『探索、修煉』的具體計畫，持續去做。每隔 3 ～ 6 個月查驗效果、深入總結一次，然後再適當調整。」

事業規劃的行動計畫

事業階段目標	19~32歲：探索興趣天分 修練身心靈能力	33~50歲：強化長板能力 創造出高價值	51~60歲：持續累積

19～32歲	階段目標：1. 探索興趣天分，2. 修練身心靈（高價值）能力		
行動計畫	週一 ～ 週五	週六	周日
工作	原有的學業或事業	生活、家庭 +探索+修練	生活、家庭 +探索+修練
其他時間	生活、家庭＋探索＋修練	生活、家庭 +探索+修練	生活、家庭 +探索+修練
休息、睡眠時間 + 運動			

圖38　事業規劃的行動計畫

鸚鵡笑著說：「前輩，照您的建議去做其實並不難，而且有這樣深入又完整的思考和規劃，心裡就不困惑，做起來就很踏實，也更有信心和希望了。」

烏龜接著說：「前輩，我發覺，您很看重在正確方向、正確方法下持續地前進。」

貓頭鷹笑著說：「是啊，每個人的成長都不是短時間的劇變，如果在正確方向和有效方法下，持續不斷 5%、5%、5% 地進步，就會得到『成長的複利』，也就會產生巨大力量、巨大價值。你們想想，

光是我們自己的名字，都要一筆一劃，持續地練習後才會寫不是嗎？即使有興趣、天分的潛能，但想養成『高價值能力』仍然必須持續練習、深入鑽研。已去世的NBA巨星科比就曾說：『洛杉磯早上四點，仍然在黑暗中，我就起床去練球，持續了十幾年。』」

　　貓頭鷹微笑著說：「嗯，剛剛所分享的是事業問題的治本方法，接下來，我想再補充一些有關身心靈潛能的內容。」

　　「我們都知道，英文的 body、mind、spirit，中文翻譯成身、心、靈。『心』是指心智，就是我們平常所說的頭腦、思考、思想、理性、意識等，都屬於這個範疇。而『靈』是指心靈，包括興趣、情感、欲望、性格、意志、潛意識、靈感等。身、心、靈雖然是我們人的三個部分，卻是緊密相連、互相影響的。比如心靈焦慮時，身體可能會掉頭髮、長痘痘，甚至會影響到內分泌，長期下來還可能會提高罹患癌症的機率。心智上的深刻領悟，也會對心靈有相當程度的影響。」

　　「心智能力主要體現在邏輯思考力，它會衍生出創新力、高效學習力等。職場上大家常說的表達力、執行力、解決問題力等，實際上都是邏輯思考力在情境下的展現形式。甚至剛才提到的技術能力、人際能力，也需要邏輯思考力的支援。」

　　「因此，我們可以發現邏輯思考力是職場能力的核心，對於想要晉升為高階主管，或想要將來創業的人而言，更是如此。而且，

知識和經驗都需要透過心智能力的消化和活用，才能創造出高價值，才不會成為生搬硬套的老生常談。馬斯克說：『在網路上，你可以成為許多領域的專家。』而其前提條件是要善於邏輯思考。」

　　貓頭鷹繼續說：「心靈能力，從它的內涵、種類，以及我們日常生活經驗，可以發現心靈能力是人類的最大潛能，如果能夠善加修煉和發揮，所能產生的力量也是最強大的。相反地，若是應用不當，也會成為我們事業、生活中的一大拖累。」

　　「你們可能聽過這句讓人不禁深思的話：『學會許多道理，卻依然過不好這一生。』很多人生道理之所以知易行難，就是被自己的心靈問題所拖累，比如懶惰、衝動、嫉妒、負能量等，同時呼應王陽明所說：『去山中賊易，去心中賊難。』」

　　貓頭鷹喝了口咖啡後，才又接著往下說：「可喜的是，心靈的潛能中，有一個相當豐富，而且相對容易開發、掌握的寶藏，那就是『興趣』。興趣不只是讓我們在過程中不會感到乏味，更能昇華成熱情，激發我們持續探索、深入鑽研，即便遇到困難，也能讓我們堅持不懈。所以，孔子說：『知之者不如好之者，好之者不如樂之者。』因為喜好會引導我們持續鑽研、練習而不覺得苦，還能從中得著幸福感。」

　　「所以，從發掘興趣、開發天賦入手，更容易培養出『高價值能力』，因為要擁有高價值的能力，往往需要『不斷練習，深入鑽

研』。作家麥爾坎‧葛拉威爾（Malcolm Gladwell）在其《異數》（*Outliers: The Story of Success*）一書中提出『一萬小時理論』，他認為做一件事，只要經過一萬小時的錘鍊，都能從普通人變為某一領域的頂級人才。」

「東京有位很有名的年輕調酒師，不但調的酒好喝、動作很帥，還能讓小小的吧台有『拉斯維加斯奇幻秀』的驚豔效果，魅力十足，所以吸引很多人慕名前往看秀、喝調酒，而且客人為了看不同的調酒秀，常常一人點好幾種調酒。一萬小時（不是硬性指標），如果每天練習、鑽研 3 小時，大概是十年的時間，如果沒有興趣，很可能不到 500 個小時就放棄了，畢竟我們一般人都沒有超凡的毅力。如果有興趣，過程的幸福感和最終成就，都會大大不同，俗話說『行行出狀元』，而興趣可以使我們成為『財務自由』的狀元，用興趣的翅膀飛翔，可以飛得又高又遠。」

「奇妙的是，興趣常常與我們的天分密切相關，因此非常值得花時間和精力去發掘。歐美的思維習慣和社會環境，都鼓勵孩子在安全的環境下，通過各種方式去探索、嘗試，甚至去冒險，因此許多人都早早就發掘出自己的興趣和天賦。」

「相比之下，中華文化的思維和社會環境偏重社會穩定和個人安全，比較忽視個人興趣的開發和發展，甚至還常有人說『興趣又不能當飯吃』，壓抑了個人潛能的探索和興趣的發掘。因此我們常

看到，歐美的孩子往往都能夠自信地說出自己未來想要做什麼（很可能以後會變化），而我們的小朋友，卻在灌輸知識、應付考試的教育環境下逐漸迷惘，甚至迷惘到大學畢業以後。」

「可喜的是，隨著時代的進步，現在的年輕人越來越認識發掘興趣的重大價值，只是理解還不夠深刻，或者仍然深受傳統思維『萬般皆下品，唯有讀書高』的影響，即便進入了 AI 時代，還是更偏重考試和文憑。」

鸚鵡驚喜地說：「前輩，以前總聽人說『要發現自己的興趣和天分』，但直到今天我才知道，原來興趣和天分有這麼大的力量和可能性。您說得很真實，很多人更注重文憑、知識和技能，不夠重視興趣、天分、能力。其實，我們從那些興趣各異、天分不同的成功人士身上，就可以看到四類不同潛能都能取得巨大的成功。所以，發現自己的興趣和潛能，再進行適當的修煉，對於事業的發展、甚至是人生的幸福，都是極為重要的。」

黑狗興奮地說：「前輩，我深刻領悟『授人以魚不如授人以漁』這句話了。您把方法講得清清楚楚，讓我們能夠按照方法去嘗試、調整，比直接告訴我們答案，對我們的幫助大得多。我回去會找時間，照您的建議做一個具體的計畫，然後再請您給我指點。」

鸚鵡立刻表示興趣：「帶上我，我也要做我的人生、事業規劃。」

　　烏龜笑著說：「因為文化和教育體制的原因，很多人 30 多歲了都還不太確定自己適合幹嘛，我以前也是這樣。慶幸的是，現在有很多探索自我的付費或免費工具，只要有心就都能找到，但也不要太迷信心理測驗，還要思考、對照自己生活中的各種情況。」

　　貓頭鷹接著說：「修煉不同『技能』的書籍和課程有很多，也各有不同的效果。培養邏輯思考能力也有很多書籍、課程，但大多數都沒有融會貫通，只是教導某種思考模型，所以效果就很有限。」

　　「另外，心靈能力該怎麼訓練呢？這是一個有趣又深奧的主題。就以『毅力』這種心靈能力為例子來說吧，『毅力』很難直接透過修煉心靈來提升，但身心靈是互相聯通的，所以通過持續鍛鍊身體（需要毅力），就能提升心靈上的毅力。」

　　烏龜這時說：「前輩，有個好朋友找我一起創業，我們下次能不能討論一下『創業』的主題？如果能得到您的指導，對我和我的朋友會是很大的幫助。」

　　貓頭鷹欣然笑道：「當然可以。創業是條充滿機遇和挑戰的路，有很多因素需要考慮，包括市場分析、商業模式、團隊組建等。我們下次就來深入討論。」

　　鸚鵡聽到創業，也興奮起來，充滿好奇地說：「表哥，我好期待聽你下周的分享！說不定，我將來會跟隨你的腳步，也成為一個創業者呢！」

　　烏龜聽完鸚鵡的話，笑著說：「哈，那很好啊，說不定我們將來還可以合作，也許能一起開創出一項令人驚歎又賺大錢的項目。」

　　鸚鵡開心地拍手笑著說：「哈哈哈，太好了，我們以後一起賺大錢。」

第十三章

開創事業的邏輯思維
——哪種人適合離開職場，勇敢創業？

　　烏龜坐在寬敞明亮的辦公室內，透過落地窗，可以一覽台北 101 的夜景，還能看到窗外一片車水馬龍的繁華，但他卻皺著眉頭。

　　這是因為烏龜正在考慮一個對他來說非常重大的決定。這個家人稱之為「瘋狂」的想法——想離開目前駕輕就熟的高薪職位，和多年的朋友一起去創業——已經滋生很久了。這個想法一直在他的腦海中打轉，但只要考量起現實的種種，每次都讓他忐忑不安。

　　擔任高管多年，他擁有的不僅僅是一份穩定的工作與熟悉的生活步調，還是一個家庭需要的依靠。烏龜非常清楚創業的風險和種種艱辛——必須長時間工作而無法經常陪伴家人，可能要面對孩子的不理解。

　　除了朋友不斷地積極鼓勵，他自己也清楚這次創業所可能實現的夢想。每當他們討論創業計畫時，他就能感受到內心的澎湃，但

只要一想起對家庭的責任，又會讓他猶豫不決。他不斷問自己，是否值得冒險？是否準備好離開舒適區，踏上未知的道路呢？

烏龜知道這個決定並不容易，需要更多的時間來思考。但他也知道，一旦決定創業，未來很長一段時間的生活必然大受影響。窗外依舊車水馬龍，他的內心也依舊迷茫。

烏龜知道，他需要理性思考，充分考慮所有的重大因素，並找到自己內心的動力和底氣，才能做出正確的選擇。於是，他把這些重大疑惑一起帶到貓頭鷹前輩面前。

烏龜滿懷信心地為大家逐頁講解 PPT，清楚解說他和朋友精心籌畫的創業項目；資訊裡充滿了客觀的市場分析和團隊優勢，顯得非常專業。投影幕上的圖表和資料，在他的言辭中生動呈現，讓大家對這個項目有了清晰的認識。

安靜聽完烏龜的項目介紹後，貓頭鷹慢慢地說：「烏龜，你的解說很專業，就像 IPO 的路演一樣。不過，你已經決定好要辭職創業了嗎？或者是你還不確定是否要辭掉高位去創業？」

烏龜猶豫地說：「前輩，說實話，我還沒辦法下決定，要考慮的重要因素很多，而且有些很難把握，尤其是項目的成功率。」

貓頭鷹說：「好，我理解，這很正常。你們先看圖 39。就像這張圖一樣，大多數的創業者，都是先在職場工作了幾年後才走上創業之路。我們都知道，創業者不僅直接面對成功或失敗，而且創業

的各種投入、所產生的壓力，以及最終的成就，都會比在職場上工作大很多倍。我們之前分享過，人生要經歷各種不同的情境，創業情境則比較獨特，很像電影《法櫃奇兵》（Raiders of the Lost Ark）的冒險尋寶。」

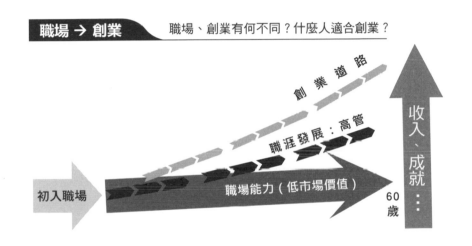

圖39　職場與創業的差別

「印第安那・瓊斯（Indiana Jones）對尋寶充滿熱情，也擁有專業能力和豐富經驗。他先發現了某個尋寶目標後，再去籌集資金、資源，組織團隊，才開始冒險之旅。一路上往往餐風宿露，可用資源又有限，靠著團隊的智慧和能力解決許多問題。在尋寶冒險的路上，不僅有美麗的風景，還會看到一些受傷斷腿的尋寶者，如果最終得到寶藏，往往價值非凡──這就是創業。」

　　「所以，你們有沒有想過：什麼人適合創業？什麼人『還』不適合創業？」

　　鸚鵡首先說：「我覺得，想創業的人一般都是想多賺一些錢，甚至是想賺大錢的人；不適合創業的人，就是做事被動、負能量，或者保守的人。」

　　烏龜接著說：「鸚鵡說得很有道理。我覺得，想要獲得更大成就感的人比較適合創業，而不適合創業的人，除了鸚鵡說的，我覺得抗壓力弱的人也不適合創業。」

　　貓頭鷹說：「適合創業的人，首先要有強烈的企圖心，不論這企圖心的原因是想改善生活、財務自由，或是想要更有成就感等等。其次，心靈力量中的抗壓力強，也是必須的；至於積極、毅力、正能量……，只要企圖心夠強烈就不會有太大問題。另外，心智能力上則需要善於邏輯思考，因為創業是連續決策的過程，也需要邏輯思考力的副產品──靈活應變力和高效學習能力。」

　　「也就是說，如果擁有強烈企圖心、抗壓力和邏輯思考力，你就很適合創業。我以前找創業合夥人，除了人品和價值觀外，主要就是看這三點。如果是技術合夥人，就還要加上專業的技術能力。」

　　貓頭鷹繼續說：「有些人厭倦職場的重複工作、委屈辛苦、人際關係複雜……，但如果因為這樣就想創業，那就是對創業有很大的認知偏差，錯把創業當成職場發展不順的解方，誤以為創業是擺

脫職場困境的出路，幻想創業比職場容易。」

「相反地，應該把職場當作『練兵場』，在職場工作時就要有創業的心態和思維，就應該把自己當作公司或產品來經營。在環境的各種限制下，也要想方設法整合資源來創造優勢、獨特價值，並且持續突破和成長。有這種心態和行動，就能培養出高價值的能力，即使將來不創業，也能在職場中實現自己最終目標。」

鸚鵡聽完後，笑著說：「前輩，您說的這些特點，好巧我都有呢。更巧的是，又在和您學習邏輯思考，看來創業是我的宿命了，哈哈。」

貓頭鷹笑著說：「哈，鸚鵡，我可以感受到你心裡對創業的火熱，你又很好學，相信你會成為了不起的創業家。」

「創業最寶貴的關鍵資源不是資金，而是企圖心。創業者的企圖心、熱情，本質上就是一種強烈的欲望，是推動創業的首要引擎。走上創業道路的人，如果企圖心不足，很難應對過程中的各種挑戰和連續挫折，也難以體驗到突破的喜悅和成長的滿足，很可能會半途而廢。就像印第安那・瓊斯，他本來可以在大學裡輕鬆、舒服地教書，但因對考古和探險充滿熱情，讓他毫不猶豫地選擇了一條充滿挑戰的探險之路。」

「熱情還會激發我們『主動』學習，促使我們不斷提升所需要的能力和技能，就像科比・布萊恩（Kobe Bryant）每天早上四點就起床，拚命地練習球技，而且持續了十幾年。這股內在的熱情是非常

大的動力，它讓我們積極投入時間和精力，克服困難，也推動我們超越自己，去追求更高的成就。」

貓頭鷹繼續說：「另外，如果有一個仰慕的創業榜樣，比如馬斯克或賈伯斯，可以像是一座燈塔，帶來希望的光明力量。除了遙遠的榜樣，最好還有身邊的標杆，比如創業導師，可以接觸、交流，從他們身上就近學到具體的智慧，還可以規避錯誤。矽谷很多經驗不足的年輕人可以創業成功，優秀的創業導師就是一個關鍵因素。」

鸚鵡抓著機會說：「前輩，我大學時就對創業有興趣，卻一直不知道為什麼。謝謝您的建議，我會先去接觸一些創業者，要是有什麼疑問和領悟，到時候再來和您交流。」

貓頭鷹點點頭：「嗯，好的，我等你以後的分享。中年人創業，往往還揹負著巨大的家庭責任，所以要考慮的關鍵因素就更多了，在決定創業之前，不妨多想一想可能會遇到的各種挑戰和風險。如果想像過這些情境之後並沒有打消創業念頭，依然充滿渴望，那麼內在激情很可能是旺盛的。」

貓頭鷹停下來喝了口咖啡，才又接著說：「創業需要企圖心和抗壓力，但如果只有這兩樣就創業，卻可能猶如瞎眼狂奔，很容易成為陣亡的先烈。所以，創業的第二類關鍵資源是本錢，主要包含資金、能力和重生的三種本錢。」

烏龜聽了後，迫不及待地問：「前輩，您的意思是……？」

　　貓頭鷹看了一眼烏龜，笑著說：「別急，慢慢聽我說清楚。所謂『兵馬未動，糧草先行』，創業需要資金，可以來自自己，也可以來自創業夥伴或各種投資人。這是最基礎的思維，我想大家都有，就不再多說了。」

　　「第二種關鍵本錢，就是能力的本錢，而且要和創業項目匹配。如果能力夠強的話，很可能就有人願意投資，或可以加入成為創業公司的聯合創始人、有股權的高管。能力的本錢，主要包含心智能力、心靈能力、健康能力，以及行業的專業能力。」

　　「至於四維世界的邏輯思考力，則是核心的心智能力，讓我們能夠深入理解事情和問題的本質，看到別人沒看到的機會和風險。而且，邏輯思考力的副產品，包含了創新力、應變力，以及高效學習的能力，這些能力都能大幅提高創業的效率和成功率。」

　　貓頭鷹接著說：「心靈能力中的抗壓力是必須的，而堅韌的毅力和長期保持樂觀，也都是巨大的心靈能力。創業往往要長期高壓地工作，因此保持身體健康的能力至關重要。邏輯思考力、心靈能力、健康能力這三樣，都是創業時不同行業的通用能力。當然，還有特定行業所需的專業能力，例如，開餐廳就要擁有製作美食的專業技能。」

　　「此外，能力又再分成團隊和階段。沒有人可以做到全能，創始團隊應在能力上互補。創業能力可以按企業的生命階段區分，從『0～

1 孕育期』、『1 ～ 10 生存期』、『10 ～ 100 成長期』等幾大階段，每個階段所需的關鍵技能也不同。因此，邏輯思考力所衍生的高效學習力變得至關重要，因為這能讓自己迅速掌握關鍵技能並活用重要知識和資訊。」

　　貓頭鷹再次停下來喝了口咖啡，接著說：「最後，是『重生』的本錢。有了這個本錢，創業萬一失敗就還能生活，不至於走投無路，甚至走極端。創業有風險，但不是賭博，最好不要一次就 All in。」

　　「創業和職涯一樣，是人生很重要的一部分，但不是全部，還要同時把家庭這個重要部分放在一起整體考量。如果還有重大的家庭責任，而且很難承受創業失敗的結果，就必須更加謹慎、平衡。相反地，如果比較年輕，或者是低資金的創業，家庭方面也無太多後顧之憂，而且對創業很有企圖心，或許可以更大膽地追逐創業的夢想。即便這次失敗了，也能從中獲得寶貴經驗，更能提升能力，距離成功就更近了。」

　　黑狗好奇地詢問：「前輩，許多人說人脈、關係很重要，但您似乎沒有將人脈、關係列為關鍵要素之一。」

　　貓頭鷹微笑著回答：「對於一般的商業項目來說，生意的本質是『創造出獨特或優勢的價值』，在這種情況下，人脈就不是關鍵因素了；然而，在某些特定行業或項目中，人脈、關係確實是至關重要的資源，所以我沒有將其列入關鍵資源，因為人脈關係屬於行

業資源、行業能力的範圍。」

烏龜沉靜地說：「前輩，聽您說完這些有關創業的重要思維，我現在比較清楚應該要怎麼做了，但我還要好好消化您說的內容，並且對照我的情況，再做最後的決定。」

貓頭鷹微笑著對烏龜說：「你這個決定非常明智。人生的重要抉擇，別人無法代替自己做決策，我只能提供一些關鍵思維和方法供你們參考。」

鸚鵡隨即接著說：「前輩，您今天分享的內容，不僅糾正了我之前對創業的誤解，還讓我對創業更加感興趣了。」

貓頭鷹笑著鼓勵鸚鵡道：「嗯，很好。如果自己評估後，發現已經擁有創業者的基本條件了，而且已經有了創業點子或相關技術，就要著手思考並評估創業項目的商業計畫。現在已經有很好的現成工具可以用，比如，新創、創投公司在用的商業計畫書（BP）或者商業模式畫布圖（Business Model Canvas）等等。」

「另一種情況是，已經具備了創業的基本條件，但還不確定要做什麼，這就需要思考『創業要作哪一行？如何找到一個適合的創業項目？』，這件事對創業來說非常重要。你們看一看圖40。」

「和職涯發展一樣，創業也應該同時考慮人和、地利和天時。可以從『人和』先開始，也就是首先考慮創業者、團隊的興趣、能力、資源等。」

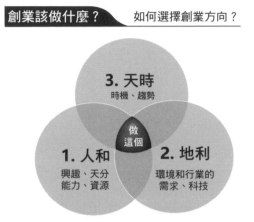

首次創業，從小做強，再做大

圖40　創業的三大考量點

「創業時，選擇正確的行業、項目、品類非常關鍵，所以說『選擇重於努力』，俗話也說『男怕入錯行』，這就需要同時考慮地利和天時。」

「地利結合天時，就是指有商機和未來的項目，也就是大家說的『勢』。要做乘勢而上的『鷹』，不要做風口上的『豬』，因為風停了，豬會摔死，鷹還能繼續飛。短期的『勢』稱為風口，也有中長期的『勢』，還有行業週期的『勢』、國家大勢、科技趨勢等等，而人性也是一種『勢』。就像小米的雷軍說：『看五年，想三年，做一年。』意思是評估 5～10 年的『勢』，規劃 3～5 年的策略重點，認真做好 1 年的事。」

「許多種『勢』中『用戶需求的變化趨勢』和『相關科技變化趨勢』是最重要的。如果發現用戶的需求還未被滿足，而你做為創業者又具備了創造獨特或優勢價值的產品的興趣和能力，那就是一個極佳的切入點。」

「總的來說，就是結合個人的興趣、能力與市場的需求，看準時機，順應趨勢，做出明智的創業決策。借助這些勢頭進行創業，乘勢而行，這樣一來，創業成功率就大大提高了。這樣的創業決策，通常不是一時衝動，也不是短時間內突然決定的。相反地，它往往需要反覆思考、不斷修正，逐漸釐清創業商機、商業模式和商品的具體方向。」

烏龜問：「前輩，『超維邏輯』如何運用在創業思考和規劃呢？」

貓頭鷹說：「創業的思考和規劃比職涯更複雜，因為受到許多外在因素的重大影響，更需要有本質觀、整體觀、長期觀。前面我分享的這些建議，都是利用『超維邏輯』來思考創業的一部分。合在一起看的話，就如圖 41 所示。」

「用超維邏輯思考，是從做一件事的本質 1 因（目的因）開始。創業的核心目的，是創造優勢或獨特的市場價值，但因為創辦人的企圖心不同，最終目標也就不同。有人的最終目標是改善生活，有的是奔向 IPO（上市），而馬斯克、黃仁勳的最終目標，已經遠超 IPO 和財務自由了。」

<table>
<tr><th colspan="5">超維邏輯思考創業</th></tr>
<tr><th colspan="2">本質1因</th><th colspan="2">本質2~4 因</th><th>外在表象／結果</th></tr>
<tr><td rowspan="4">1.
核心、最終目的</td><td rowspan="4">創造優勢或獨特市場價值
↓
IPO上市</td><td>階段時期</td><td>0C1 年：孕育期｜1~10年：生存期｜10~100年：成長期｜第二曲線</td><td rowspan="4">公司名稱
辦公地點
商品名稱
產品包裝
店鋪選址
店鋪設計
Slogan
.
.
.</td></tr>
<tr><td>2.
關鍵要素</td><td>① 創業者的基本條件：
① 適合創業嗎?
② 準備三種本錢
② 關鍵要事需做好：
① 人和：自我(或團隊)興趣、能力、資源、性格、價值觀
② 地利：環境和行業的需求、科技
③ 天時：時機、趨勢
③ 重大錯誤不要犯
④ 重大意外處理好</td></tr>
<tr><td>3.
有效方法</td><td>① 過程中需找到各階段的關鍵事情（包含勝過反向動力）的有效方法
② 如，0~1年孕育期：合適商機發掘、測試的方法</td></tr>
<tr><td>4.
正反動力</td><td>① 正向動力：興趣、企圖心、抗壓力、能力、毅力、階段成就
② 反向動力：挫折、疑惑、壓力、焦慮、資源、科技劇變</td></tr>
<tr><td colspan="2">地基邏輯</td><td colspan="3"></td></tr>
</table>

圖41　運用超維邏輯思考創業

「要實現創業目的、目標，就需要思考本質 2 因（關鍵要素），想清楚有哪些關鍵要素會『重大又直接』影響目標的實現。以創業而言，就包含：一、創業者和團隊的基本條件；二、關鍵要事需做好：人和、地利、天時；以及三、重大錯誤不要犯，比如不要違反法律，因為法律是最低的準則；還有四、重大意外處理好，意外的翻船如果處理不好，有可能成為滅頂之災。」

「創業是個漫長的路程，所以也要考慮時間維度，可按企業生命週期概略分成 0 ～ 1 的孕育期、1 ～ 10 的生存期、10 ～ 100 的成長期，以及第二曲線。不同階段需要不同但有效的方法來做好各階段的關鍵事情，才能逐漸達成目的。這是本質 3 因的有效方法。」

「還有，不同階段、不同團隊也需要考慮不同的正、反動力。這是本質 4 因的正反動力。」

黑狗頓時明白過來，興奮地說：「對哦，這樣就深入又完整地思考了創業相關的目的、關鍵要素、方法和動力，就有同方向的『一致性』，還考量了時間的變化，這樣就是前輩所說的『超維邏輯』，也和我們的四維世界契合了。」

「我一直從事市場行銷工作，如果創業，我會直接思考市場，並且直接運用商業模式畫布圖、行銷 4P 等模型。因為我根本不知道要『先』深入、整體地思考本質四因：目的、關鍵要素、有效方法、正反動力，以及它們之間的關聯。」

「很多人都跟我一樣，根本沒意識到創業要考量這麼多的重要因素。所以據統計，台灣民眾創業，一年內就倒閉的高達 90％，能撐過前五年的只有 1％；而且多數不明白失敗的根本原因，還可能找環境、合夥人、八字、運氣、命運等各種理由來揹黑鍋，卻沒有深刻地反省自己。」

貓頭鷹笑著說：「是啊，就像之前我們聊的感情、婚姻一樣，本質四因中的許多關鍵要素，大多數人也沒意識到要一併考量，所以感情、婚姻能持久幸福的人也很少。」

鸚鵡笑嘻嘻地說：「我看過一篇文章，說最早的籃球，真的是把一個有底的籃框吊在空中，所以叫籃球。如果有人投進，場外的

人就要架起梯子、爬上去把籃框裡的球撈出來，才能繼續比賽。這套做法居然持續了 18 年，才有人想到打掉籃框的底，球就會自己掉下去，球賽就能連貫進行，也就會更好看了。」

「這樣一件沒有技術難度的事，卻經過 18 年以後才有一個人先想到，可見思維的僵化有多頑固。這也說明，創新其實沒我們想像的那麼難，關鍵在於思考要靈活，還要有深度，才能看到別人看不到的真相和機會。前輩，我越來越深刻地感受到您一再強調的邏輯思考力的重要性了。」

貓頭鷹笑著說：「鸚鵡的這個實例舉得真好。無論是世界、科技、市場、用戶需求等等，都在不停地變動，所以商機是一直存在的，關鍵在於：我們有沒有能力看見？有沒有能力創造出價值來滿足用戶需求？」

烏龜接著說：「前輩，評估項目的時候，是不是應該多聽聽同行的建議？問問上游供應商、下游用戶的想法？甚至先以最小可行性產品（Minimum Viable Product，MVP）來做小規模測試，不要閉門造車，避免盲目地自以為可行，卻無法通過市場嚴苛的試煉。不要怕人聽到你的好點子（當然要適度保護），因為沒有人只因為有好點子成功的，關鍵是要有能力高效地實現好點子來滿足用戶需求。」

貓頭鷹接著說：「烏龜說得很好，的確是如此。在複雜的 AI 時代裡，不論是在職場或創業，都要明智努力才能創造出高價值來實現理想！」

第十四章

根除問題的邏輯思維
——如何「治標又治本」地解決問題？

　　上週二，黑狗被公司派去參加一個外部培訓課程，主題是「如何高效解決問題」；老闆要求黑狗，學會了這項技能後，再教其他同事。

　　課程中，授課老師說：「解決問題的四個重要步驟：首先，要深入理解並明確問題；其次，必須拆解問題並精準定位；接著，提出切實可行的解決方案；最後，對整個問題進行總結。

　　「在這四個步驟中，最關鍵的步驟是第二步，即拆解問題並精準定位。」老師強調，「如果要成功地解決問題，至少需要用75％的精力來仔細分析和準確定位問題。至於探索可能的解決方案，剩下的25％的精力就已經足夠了。原因很簡單：一旦問題被細緻分解並清晰界定，你會驚訝地發現，解決方案實際上是顯而易見的，每個人都有能力去實現。也就是說，當你想清楚一個問題時，問題基本上已經解決一大半了。」

　　黑狗上完課程後，多次消化老師的教材、舉例和自己的筆記。雖然他認為老師的課程很有道理，但當他嘗試用老師教的方法去解決公司最近的問題——銷售業績較上年度下降了 20％——時，卻發現並不像老師所說的那樣：「解決方案實際上是顯而易見的，每個人都有能力去實現。」

　　這次的培訓，黑狗覺得課程內容聽起來很有道理，用起來卻有問題，卻因為不知道問題出在哪裡，所以決定，在拿來培訓同事之前先尋求貓頭鷹的意見。

　　聽完黑狗的疑問後，貓頭鷹緩緩說道：「這就是我們生活中經常遇到的一個非常重要的思考情境：解決問題，如何治標又治本？」

　　「遇到問題時，首先要有正面的心態——勇敢、誠實地面對；也不要以問題的受害者自居，因為我們應該是『問題的解決者』。在很多人眼中，問題是麻煩，避之唯恐不及，但在許多專業人士眼中，問題是商機，或是訓練自己提升能力的機會。比如，醫生、心理諮詢師、麥肯錫諮詢公司等，都是善用這樣的機會賺取豐厚報酬。當然，前提是要培養出善於解決問題的能力。」

　　「還有個有趣的現象是，許多人在協助別人解決問題時，表現得很有自信，說起話來頭頭是道，但面對自己的問題時卻不知如何是好，即使是企業高層、大學教授也常常如此。這是因為在處理自己的問題時，受到強烈情緒或各種利益影響，很容易就用非理性的

價值觀思考，也就容易當局者迷。而在處理別人的問題時，自己是旁觀者，就會比較客觀理性。所以，如果要作『問題的解決者』，就要運用理性客觀的邏輯思考。」

貓頭鷹喝了口咖啡，又緩緩地開口說：「我們先來看一下日常生活中，在幫助別人解決問題時，有些人所給出的建議方案。例如，小王對經理說：『這項目很難按時完成。』經理的回應是：『再努力，加加班，不就好了嗎？』；或者像 Tony 對朋友說：『我最近心情不好。』朋友卻對他說：『不要想太多，就不會心情不好。加油，你可以的。』」

「在面對別人的問題時，有些人就像這兩個例子裡的經理或朋友，直接給出這種只貼 OK 繃的方法，聽來好像有道理，卻是完全沒用的廢話。」

黑狗聽了心有戚戚焉地說：「是啊，我們經理就常常這樣講，沒有同理心，甚至不是真心幫忙。」

貓頭鷹繼續說：「我們再來想看看，在解決自己的問題時，有些人會採用那些方法呢？阿彪不滿意目前的薪水，於是想換個工作，或者找兼職增加收入。Rose 和男友的感情出現大問題，正在分手中，但她相信下一個男友會更好。老李創業屢次失敗，聽朋友說有個很厲害的大師，就想找那位大師幫自己改運。」

烏龜笑著說：「前輩，您說的老李，和我的一位朋友好像啊。」

　　鸚鵡也笑著說：「Rose 的情況也和我的一位閨蜜一模一樣。」

　　貓頭鷹微笑說：「嗯，我年輕時也是這樣處理問題的，而且還以為這樣就可以解決問題了，結果往往是問題反覆出現，甚至變得越來越嚴重。這是因為，我年輕時也不知道要如何解決問題的根源，甚至根本不知道如何解決問題。你們看圖 42 所示：

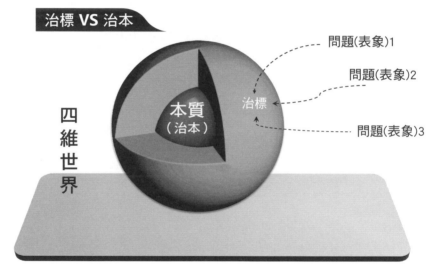

圖42　治標 VS 治本

　　在四維世界中，問題和物體一樣，也是三維＋一維的。我們所發現的問題，是不是都只是問題的表象？因此會被我們發現、感知，就像頭痛、腳痛一樣。所以，我們需要深入思考問題的本源，也就是問題的本質原因。比如，我們感覺頭痛或腳痛，但真正原因需要深入檢查、確認，才能對症下藥。然而，剛才舉的那些例子，都只

是根據所發現的問題表象而治標，就像只貼 OK 繃，或是頭痛醫頭、腳痛醫腳。」

「還有，在發現和面對問題時，也不能一概而論地打混仗。比如，偶爾肚子痛，而且痛得不嚴重，我們往往用忍一下來處理；如果肚子痛經常發生，才會找時間去看醫生。但如果肚子痛得很厲害，我們就會馬上去醫院看急診。同樣是肚子痛的問題，但情況不同，就要用不同方式來處理。我們來看圖 43 所示：

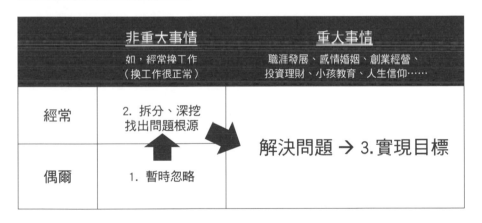

圖43 問題動態分類處理

這張圖傳達出，在發現和面對問題時，應該『動態分類、分別處理』，而不是一概而論。如果不是重大問題，偶爾發生，那就『暫時忽略』就好。如果變成經常發生，就要藉由『拆分、深挖』，找出問題根源來防微杜漸，避免變成重大問題。如果涉及重大問題，

比如職涯、情感、創業等，就要將『解決問題』的思維、方法，轉換成『實現目標』的思維和方法來處理。」

　　貓頭鷹繼續說：「我們先來交流比較簡單的處理問題的方式：拆分、深挖。請看圖44所示。」

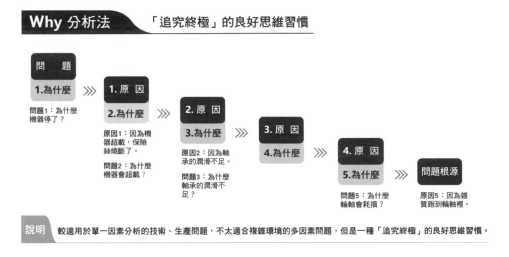

圖44　5Why 分析法

　　「不重要事情的問題如果經常發生，很可能意味著有更深層次的大問題存在。比如，偶爾換工作很正常，但如果頻繁換工作，就要深思而找出問題根源，也就是俗話說的『打破沙鍋問到底』。就圖44所展現的一樣，『5why 分析法』是豐田汽車公司所開發的方法，一層層地深入，找出問題的根源，也就是找出真正的病因來對症下藥。」

　　貓頭鷹繼續說：「如果每一層都涉及兩個因素，四層就會有十六

個因素，因此「5why 分析法」比較適合處理『單一因素』分析的領域，比如技術、科研、生產。然而，生活中的事情通常是『多因素』的問題，就使得單一因素深挖的 5why 分析法有點力不從心。

「舉個例子，如果新產品銷售沒有達到預期目標，當我們深入思考第一層時，行銷部可能會說是銷售部的鋪貨率太低，或者貨架位置不佳等因素造成的，而銷售部很可能會說是因為新產品賣點不佳、價格太高或廣告宣傳不足等等。再請看圖 45 所示：

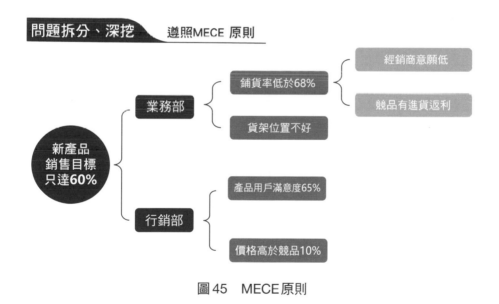

圖 45　MECE 原則

這就是現實生活中常遇到的『多因素』問題，必須運用『拆分＋深挖』。『拆分』的過程中，要遵循 MECE 原則：相互獨立，完全窮盡。相互獨立是指要素之間在同一標準、維度下不重疊，完全

窮盡則是指沒有遺漏。『深挖』就是遵循剛才的 5why 分析法。」

貓頭鷹繼續說：「另外，黑狗一開始所說的那個培訓課程的方法，是『直接套用』別人的成功經驗來解決自己的現今問題，所以只能運用在比較簡單的問題、事情，比如，招聘新員工、健身等。然而，台灣教改可以直接套用哪一國的經驗？自己和女友的感情問題，可以直接套用誰的經驗？自己的職涯問題，可以直接套用哪位專家的意見？黑狗公司的銷售業績衰退 20％，又可以直接套用哪家公司的經驗呢？」

「『直接套用』過去的成功經驗要能奏效，有一個前提條件，就是過去和現在的對象及環境是不變的，但我們知道那幾乎是不可能的。事實上，生活中重大、複雜的事情，『直接套用』會有效的唯一情況，就是運氣好、歪打正著。所以，不是『直接套用』別人的成功經驗，而是要明智地按情況來調整、活用成功經驗和相關知識。因此，經驗和知識一樣，可以是財富，也有可能是陷阱，就像北大經濟學教授張維迎說：『知識有時候會讓人變得愚蠢，當接受了某種理論後，就認為它是正確的，對其他東西就看不見了，那麼它就會誤導你。』所以，關鍵還在於愛因斯坦所說的『要善於思考』，才能活用經驗和知識來解決問題、創造高價值。」

黑狗聽了以後，一拍大腿：「前輩，我明白了。我參加外部培訓所學到的方法，只適用於解決簡單或者單一因素的問題。然而，生

活中的重大問題，往往是『多重因素』交織的複雜、系統問題。所以，課程老師教的方法才不好用。」

「在認識您之前，我一直感到焦慮，因為我不知道如何處理我自己複雜的系統問題。我甚至不知從何著手，因為牽涉到很多因素，就像一團亂麻一樣糾纏在一起，找不到問題的根源。」

貓頭鷹微笑說：「嗯，看來你有深刻的感悟了。在深入交流重大事情的問題之前，我們先來思考一下，什麼是『問題』？」

鸚鵡笑著說：「我覺得問題就是麻煩。」

黑狗接著說：「問題就是不知道該怎麼辦？」

貓頭鷹微笑著說：「你們說的這種答案，是面對問題時的主觀感受，不是問題本身。我們先來看圖 46：

問題的本質是什麼？

問題本質	・問題(差距) = 目標 - 現況
問題嚴重度	・問題的嚴重度 =目標重要性× 問題差距（目標-現況）

圖46　問題本質：與目標的差距

　　「問題的本質就是『與目標的差距』。我們可以用這個簡單的公式來表示：『問題（差距）＝目標－現況』。就像生病的本質是與健康目標的差距，而生病的表象、症狀有多種多樣，讓我們可以看到或感知。」

　　「問題的『嚴重度』則是另一個重要屬性，可以通過公式『問題的嚴重度＝目標重要性 × 問題差距』來衡量，所以重大事情的問題，就有考慮到目標的重要性。我們人生中的重大目標，主要是在職場、情感、創業、投資、信仰等方面。」

　　鸚鵡很開心地說：「前輩，經您這樣解釋後，就很清楚地認知到問題的本質了，不再只有個人主觀的差別感受。」

　　貓頭鷹緩緩地說：「深入理解問題的本質含義以後，就會瞭解『解決問題』只是手段，不是目的。不論在職場或生活，我們做任何事的目的，都是為了『實現目標』，對於重大事情更是如此。」

　　「所以，巴菲特有雙清單系統（Two-List System）：一張是『要去做的清單（To do list）』，另一張是『避免去做的清單（Avoid at all cost list）』。這兩張清單的本質，就是實現目標的兩大原則：關鍵要事需做好，重大錯誤不要犯。」

　　「這兩大原則，相對於『解決問題』，更能確保目標的實現。如果只是解決問題，往往不能實現目標，因為各種問題實在太多了，就像有句話說：『如果在廚房看到一隻蟑螂（問題），那就意味著

廚房裡有更多的蟑螂（問題）。』」

「因此，處理重大事情的問題時，就要把『解決問題』的思維、方法，轉變成『實現目標』的思維和方法，這到底是什麼意思？你們看一下圖47所示：

圖47　處理重大事情的原則

職涯、創業、情感、投資等重大事情，如果要『實現最終目標』＝一、關鍵要事需做好＋二、重大錯誤不要犯＋三、重大意外處理好。除了巴菲特所說的兩張清單，還要把重大意外處理好，因為意外的翻船如果處理不好，可能成為滅頂之災。這就是『實現目標』的思維和方法。」

貓頭鷹說到這裡，停了下來，等著三人的分享。

　　烏龜高興地說：「前輩，您真是『一言驚醒我這個夢中人』。原來我以前陷入『解決問題』的迷思，也反映在我的管理上，使得大家都在四處救火、解決問題，所以公司各部門都忙得不得了，還經常要加班，忙碌卻效率不高，常常效果也不佳。」

　　黑狗也連連點頭說：「是啊，我們公司也是這樣。」

　　貓頭鷹微笑著說：「我來分享一個實際例子。以前我在一家大上市公司擔任行銷部經理時，公司的業績和利潤都不錯，但我卻發現公司的內部管理存在不少問題。所以，我主動提出了幾個解決方案給老總，但每一個方案都石沉大海。當時我非常困惑，不知道原因何在，直到我自己創業後，再回頭看這段經歷，我才明白了本質原因。」

　　「無論是公司或個人，重大事情都應該有『實現目標』的中長期策略、計畫和行動。在實施策略和計畫的過程中，如果發現了重大事情的問題，就需要反思我們『實現目標』的策略和計畫，並且遵循上述的三個原則。意思是，注意力應該集中在三個原則上，而不是把注意力放在解決問題上；而且第三個原則──處理好重大意外──包含解決問題。」

　　「運用在我們個人身上也是一樣，我們要培養出有高市場價值的長板能力（關鍵要事需做好），並且重大短板也要補上（重大錯誤不要犯），還要處理好重大意外。至於一些不太重要的不同短板、

缺點，每個人都會有，而且對結果的影響也不大。」

　　鸚鵡開心地說：「前輩，我之前學過長板理論和短板理論，一直以為它們是矛盾的兩套原則，要不就是用長板理論，要不就是用短板理論。但聽了您的解釋，我才明白原來兩者是應該相互貫通、調和來運用的。」

　　烏龜接著說：「鸚鵡說得對。我發現很多理論、知識，表面上看似乎是對立的，但前輩總是能夠巧妙地調和、貫通，這樣就能夠靈活地運用了。這正是邏輯思考力的力量和價值。」

　　貓頭鷹微笑著說：「關於『關鍵要事需做好』，我舉個例子。一位曾在麥肯錫顧問公司工作的人，跳槽到 Google 的廣告部門擔任業務經理，負責提升廣告業務的收入。他上任的第一天，就問了下屬這個問題：『我們這個部門的業務公式是什麼？』結果下屬都搞不清楚，心想：『我們這部門好像沒有什麼公式吧。』後來，這位新主管，透過與整個部門的溝通，最終確定了部門的業務公式：廣告收入＝展現量 × 點擊率 × 每個點擊的價格。有了這個業務公式，該部門的人員就非常清楚『關鍵要事』是什麼了。」

　　黑狗興奮著說：「前輩，這樣一來，部門所有成員就很清楚應該在哪些關鍵要事上努力了，不會努力卻用錯地方。就像您剛才用兩個公式來表達問題，我們就很清楚問題的關鍵含義了。」

　　貓頭鷹點點頭：「沒錯。我們再回過頭來看『解決問題』的思維。

你們之前發現問題時，是不是就急於思考『該如何解決這個問題』？似乎只要解決了這個問題就好，如果之後再冒出新問題，再去解決新的問題。這就是一種『解決問題』的思維方式，往往會見樹不見林。

　　在這種思維下，不論是個人還是企業，如果『沒發現』什麼問題，也很容易以為可以一直歲月靜好，卻不知可能很多蟑螂（問題）隱藏起來沒發現，或是已經暗流洶湧，甚至是暴風雨前的寧靜。比如，Nokia 原本在功能手機市場稱霸全球多年，在『自己原本的世界』裡並沒犯什麼重大錯誤，但因為外在的世界、科技、市場變了，又因為在新世界的『關鍵要事』沒做好（新世界的遊戲規則改變），在智慧手機的崛起中被快速淘汰，就是一個很引以為戒的例子。」

　　「同樣地，很多父母認為只要小孩考上好大學，成績也不錯，而且沒犯什麼重大錯誤，將來在社會就可以混得不錯，卻可能和 Nokia 一樣，也因為在社會（新世界）的關鍵要事沒做好，最終事與願違。這也是不少會考試、死讀書的學霸，在社會中的表現不再突出的原因，因為新世界的遊戲規則改變了。也就是說，三大原則的第一原則：關鍵要事需做好（動態），對於實現最終目標是最關鍵的，卻也容易被忽略，因而疏忽一些關鍵要事而沒做好。如果沒有用『超維邏輯』先想清楚最終目標，就很容易漏掉一些關鍵要事。」

　　「在面對重大事務時，目的是要『實現目標』，就得運用『超維邏輯』來思考，考慮事情的本質四因，以及時間的變動，然後制

定具體的行動計畫，並持續追蹤和修正。只有這樣，我們才可能最終實現重大目標。我們再舉黑狗的職涯問題為例來詳細說明，你們看一下圖 48 所示：

超維邏輯思考實現職涯目標

本質1因		本質2～4因			問題／外在表象
第一因：自我：興趣、潛能、性格、價值觀	1.核心、最終目的　核心目的：高價值能力　最終目標：財務自由	階段目標	19-32 歲：開發期	33-50 歲：強化期	51-60 歲：累積期	職涯問題： 1. 薪資低 2. 能力不足 3. 對未來沒想法 4. 同事難相處 5. 學不到東西 6. 常常無薪加班
			具體目標：年薪	具體目標：年收入、淨資產	具體目標：資產	
		2.關鍵要素	① 關鍵要事需做好：人和 + 地利 + 天時 ② 重大錯誤不要犯：如，想靠炒股暴富，一直用時間換收入 ③ 重大意外處理好：如，被裁員			
		3.有效方法	① 過程中，需要找出各階段的關鍵事情的有效方法 ② 如，開發階段：1.發掘興趣、天分的有效方法 　　　　　　　　2.培養關鍵能力的有效方法			職涯表象： 1. 年收入 2. 淨資產 3. 職稱 4. 學歷 5. 經歷 6. 辦公室
		4.正反動力	① 正向動力：興趣、企圖心、毅力、薪金、成就感、鼓勵、希望 ② 反向動力：惰性、挫折、困惑、壓力、焦慮、職業疲勞			
地基邏輯		邏輯通洽			

圖 48　運用超維邏輯思考職涯目標

　　圖 48 最右邊是職涯問題和職涯表象，黑狗就是因為不知如何解決這些問題，所以困惑變成壓力，再升級成焦慮。解決問題只是治標、救急的手段，所以要轉換成『實現目標』的思維和方法，這也是解決黑狗職涯焦慮的『治本』之道。」

　　「具體方法，就是『先』思考本質 1 因（目的），而多數人職涯的核心目的是要培養出『高價值能力』，最終目標是『60 歲財務自由』。有了目的、目標以後，因為職涯長達 40 年，所以還應加上『時

間流變』的因素，再分成幾大階段，不同階段有不同目的，請參考圖中的三大階段：開發潛能、強化能力、累積資源。各階段最好再加上『明確目標』，這樣才容易評估和調整方法，比如『到 32 歲時，年薪 80 萬』『到 50 歲時年收入 200 萬，淨資產 500 萬』『到了 60 歲時，淨資產 5000 萬』等。」

黑狗接著說：「前輩，我以前也想過 32 歲時要達到年薪 100 萬，60 歲時希望能實現財務自由；但因為不懂得用『超維邏輯』來思考，不懂得像您說的這樣來規劃，所以也只是有目標，卻不知如何去實現。」

貓頭鷹說：「黑狗，我非常能夠體會你的彷徨，因為我年輕時也曾有同樣的困惑。有了核心目的、最終目標和階段目標後，再進一步深入思考，就會思考到本質 2 因的關鍵要素。有哪些『關鍵要素』，會直接又重大影響到目標的實現，也就是剛才的三個原則。」

「三原則中的第一原則『關鍵要事需做好』，可以參考我們之前所交流的『人和＋地利＋天時』。第二原則『重大錯誤不要犯』，比如，不要一直用時間、勞力換取收入。」

「清楚本質 2 因的『關鍵要素』後，還要進一步思考本質 3 因的『有效方法』，因為各階段的關鍵事情，都需要照著『有效方法』去做才得以實現美好目標，就像這張圖所表達的。」

「除此之外，整個職涯的不同階段，都會有正向動力和反向動

力（阻力）。比如，不少人健身久了便逐漸意興闌珊，最後半途熄火，就是因為我們人都有一種反向動力：惰性，所以就要有正向動力來勝過惰性，也就是必須『正向動力大於反向動力』，才能夠持續前進，逐漸達成美好目標。」

「現實生活中，在面對重大問題時，很多人往往缺乏邏輯思考的有效方法，也就不知道如何處理，常常選擇用忍耐的方式來面對，或者到處拜拜、找大師改運，內心希望會慢慢變好，卻總是事與願違。」

貓頭鷹說完後，再拿起面前的咖啡，緩緩地喝了一口。

黑狗聽完貓頭鷹的整段說明，再對照後面這三張圖，仔細思考了以後，恍然大悟地說：「前輩，您這樣深入地說明後，我才知道，在現實世界中，要實現重大事情的美好目標原來受到這麼多關鍵因素的影響，是這麼複雜的動態系統，以前我想得太簡單了。」

「我以前還挺相信算命老師說的命運，覺得一輩子可以達到的成就，或者可以得到的財富，其實都已經註定了。現在我才知道，其實是我自己沒有掌握好很多關鍵要素，甚至根本不知道要一起考量，所以就簡單地推給命運來揹鍋。」

貓頭鷹欣慰地點頭說：「你們分享得很好，可以看出你們已經開始嘗到邏輯思考的甜美果實了。逐漸活用後，你們更能享受到它所能創造的巨大價值。」

　　鸚鵡聽了貓頭鷹的話以後，高興地說：「前輩，聽您這樣說，我感到前途大好、一片光明啊。」

　　在鸚鵡的玩笑和大家的笑聲中，結束了快樂的學習和成長。

第十五章

幸福當下，準備未來
——以邏輯思考掌握「有意義長久幸福」的關鍵要素

這一週，黑狗、鸚鵡和烏龜三人的心情都有點低落。

原因是上週前輩告訴他們，他即將啟動一個新項目，再來就會比較忙，無法再這樣每週聚會了，因此這週將是最後一次定期聚會。

黑狗三人都非常渴慕和前輩學習，自然依依不捨，於是便討論了幾個重要問題，要把握這請教前輩的最後機會。

貓頭鷹說：「今天是今年聚會的最後一次，你們有沒有什麼問題想交流的？」

黑狗搶先問：「前輩，我父母和家族裡的長輩，常常明講或暗示我『要早點生孩子』，您對這件事有什麼建議嗎？」

貓頭鷹笑著說：「哈，很多年輕人也經常問我這個問題。你們有沒有發現，人生有許多美好的事情，就因為相關人員糊里糊塗而沒有準備好，反而變成不好的事。」

烏龜感慨地說：「前輩，您說得太對了。比如學習，人天生就有好奇心，本來就會想學習，卻被不合時宜的教育體制和學習方式所束縛，使得學生反而討厭學習了。想想也是，那種死記硬背，又用考試來逼學生學習的方式，我們大人都討厭，更何況孩子呢。」

鸚鵡接著說：「表哥說得很對，我再舉另一件事：感情。就像前輩之前用自己為例，年輕時還沒有準備好，即使美好緣分降臨，他還是搞砸了。有句話說：『在對的時間遇見對的人』，其實也包含自己要成為對的人。」

貓頭鷹笑著說：「哈哈，烏龜和鸚鵡的舉例都很好。尤其是鸚鵡，不但用上我的例子，而且沒被尊師重道的觀念壓制而不敢說，理性地就事論事，這點非常好，就像亞里斯多德說的：『我愛我的老師，但我更愛真理。』」

「小孩子確實可愛，生孩子原本是一件很美好的事。這件事有一個前提，那就是父母有沒有準備好。生孩子不但有生養和教育費用，還有教育孩子的責任。教育孩子不僅僅是送孩子上好學校，家庭教育更是至關重要，而家庭教育的核心，在於父母的『身教』。」

「所以，別人問我對生孩子的看法時，我都建議要先想清楚必須準備什麼。如果想清楚了，又自信能做好，我就鼓勵夫妻生孩子，甚至多生。但如果沒有思考清楚，或者沒有做好準備就生孩子，可能因為沒有把孩子教養好，將來給自己和孩子帶來很大麻煩，也可

能給社會帶來問題。」

「事實上，任何重大事情的決策都不應該糊塗、衝動，都應想清楚『本質四因』再決定，否則很容易搞砸好事，最終後悔莫及，就像我年輕時對感情的愚蠢一樣。」

黑狗笑著說：「前輩，您說得太對了，長輩常說：『多一個孩子，不過多雙筷子。』但那是農業時代的過時觀念，早已昨是今非了。從農業時代到科技時代，環境和生活方式都發生了巨大變化。還好，我沒在父母、環境的壓力下盲從。」

烏龜說：「前輩，我們還想請您給我們一些『人生』的建議。」

貓頭鷹說：「難得你們會想面對這個大問題，非常好。人生、生活是自己的，不論好或壞，都要自己承受。之前我就思考過『人生如何圓滿？』這個問題，現在正好可以和你們分享。」

「如果用『超維邏輯』來思考人生，就會首先想釐清人和黑猩猩的本質差異。雖然兩者的DNA相似度高達98％，卻有本質的不同，那就是人類的心靈獨特性，也就是『人天生有良心』，人性本善，只是受環境影響而後天逐漸變質，這構成了思考人生的第一因。」

「因此，人類社會和個人的『人生道路』，就不該僅僅按照《演化論》的『物競天擇，適者生存』來運行，而是應該『調和良心和競爭』，因此得出強權主義受到世人譴責的普世共識。」

「在此第一因的大前提下，你們想想，我們人生在追求什麼呢？

年薪百萬？資產上億？跑車？豪宅？這些只是表面答案，是表面思考的產物。物質、財富只是手段和工具，並非真正的最終目標。」

「深入思考後，我們會發現，絕大多數人共同追求的是『有意義的長久幸福』，但實現幸福的工具、手段卻可能因人而異，有的人偏重物質，有的人更注重精神，有的人最看重權力。請你們看圖49所示：

超維邏輯思考人生如何圓滿？(個人思考領悟，僅供參考)

本質1因		本質2～4因				外在形式
第一因：人的心靈的獨特性	1. 核心、最終目的	人生原則(參考)：守正用奇，動態平衡，複盤升級，交托上帝				收入 資產 衣服 車子 房子 文憑 頭銜 經歷 外貌 身材 · · ·
		人生階段	*19-32 歲*	*33-50 歲*	*51-60 歲*	
	有意義的長久幸福	2. 關鍵要素	① 關鍵要事需做好 ② 重大錯誤不要犯 ③ 重大意外處理好			
		3. 有效方法	① 找出各階段的關鍵事情的有效方法			
		4. 正反動力	① 正向動力 ② 反向動力			
地基邏輯						

圖49　運用超維邏輯思考人生

在此人生目的下，我個人是遵行『人生原則』，去努力做好人生『三大要事』，我逐步解釋。」

「首先，我先分享一下我努力秉持的『人生原則』：1.守正用奇，2.動態平衡，3.複盤升級，4.交托上帝。」

　　烏龜接著說：「前輩，您所說的『守正用奇』，是不是取自《道德經》的『以正治國，以奇用兵』？」

　　貓頭鷹笑著說：「是的。『守正』，就是不論何時何地何事都持守正道。什麼是正道？『正道』的最低標准是法律，更高一層是天生的良心（比如孩童還未變質前的天真、誠實、善良、簡單喜樂等），但人的良心往往受環境影響而逐漸變質，所以再高一層是公理、天道。『守正』是我不變的宗旨、大原則，是我的『中心思想』；『用奇』則是要在可變的戰略和戰術中創新、出奇。這是我個人的第一原則。

　　貓頭鷹繼續說：「學校畢業後，我們往往身兼不同身分，也會面對不同生活情境：工作、學習、社交、戀愛……，就要同時兼顧許多關鍵要素，所以需要平衡，而且是動態平衡。比如，事業、家庭、生活要動態平衡；工作、學習、休息要動態平衡；親情、愛情、友情要動態平衡，以此類推。

　　在事業發展上，速度、節奏、目標的動態平衡很重要。事業發展是數十年的過程，有不同的節奏，應當快跑要快跑，有時候要整理、休息，有時候要慢跑，把握好動態的節奏，而不要被環境或他人帶了節奏。這是我個人的第二原則：動態平衡。」

　　貓頭鷹繼續說：「持續『複盤升級』，是一個人高效成長的關鍵，複盤就是 PDCA（Plan-Do-Study-Act，循環式品質管理）中的『C：

Check』。人生的重大事情，不論是職場、情感、培養能力，都要持續進行 PDCA 循環。」

「我們之前所交流的不同思考情境，運用了『超維邏輯』所做的一些思考、規劃，你們可以直接參考、運用，再結合自己的因素適當調整，就成為你們自己的 Plan（計劃）了，就會有方向、有方法，就能避免盲目地努力，可以大幅提升成功率。」

「然後，照著規劃去 Do（行動），就會得到回饋，然後通過 Check（複盤）來追蹤、修正。之後再繼續 Act（行動），進入新的 PDCA 循環。通過這種良性循環，能力就能不斷升級，也就能逐漸實現美好目標。」

黑狗接著說：「前輩，其實我已經在做了。」

貓頭鷹笑著說：「哈哈，非常好。在守正出奇、動態平衡、複盤升級之後，就能夠 100％實現目標嗎？遺憾的是，雖然可以大幅提升實現目標的機率，但不是 100％能實現，因為天下本就沒有百分百的事，股神巴菲特都有投資失敗、虧損的時候。因為還存在一些重大因素或意外，這是我們個人無法控制的，比如黑天鵝事件（Black Swan Events）（如新冠疫情）、灰犀牛事件（Grey Rhino）（如新科技湧現）。」

「因此，明智地努力後，萬一目標仍未如願，就要有交托上帝的『放下』心態。也就是，我們『先盡人事，後聽天命』，聽天命，

是以放下的心態面對不盡如己意的結果，就像 2024 年 2 月底，蘋果公司中止已經投入十年、花費數十億美金的電動汽車項目。對於我們個人，有時候也要如此理性、勇敢地壯士斷腕，比如放棄已經創業四年卻有致命困難的項目，或者與交往三年卻有關鍵不合適的男友分手，因為『黃金階段的時機』很有限。

壯士斷腕並非是放棄明智地努力，而是明智地調整現況，適當地修養身心，然後重新規劃新的道路，再繼續明智地努力。以上就是我一貫的人生原則，提供你們參考。」

烏龜驚歎地說：「前輩，您這些原則不但很關鍵，也很正面，還很明智。」

貓頭鷹繼續說：「那是我反覆思考、多次調整後的領悟，還要持續檢視、完善。我們再繼續交流人生的『三大要事』，你們再看看圖 50 所示的『2. 關鍵要素』：

要實現『有意義的長久幸福』，其『關鍵要素』仍然是：一、關鍵要事需做好，二、重大錯誤不要犯，三、重大意外處理好。其中，二和三相對簡單，所以我只舉例說明，你們可以再進一步深入思考。比如，賭博、吸毒是重大錯誤，千萬別犯，而不善邏輯思考同樣是重大錯誤，因為很容易被誤導而走錯路。」

「人生中，我認為要做好的就是這三大要事：1. 要幸福當下，2. 要準備好未來，3. 還要找到有意義的正道。我們來逐一交流。」

超維邏輯思考人生如何圓滿？（個人思考領悟，僅供參考）

本質1因		本質2~4因			外在形式
第一因：人的心靈的獨特性	1.核心、最終目的　有意義的長久幸福	人生原則（參考用）：守正用奇，動態平衡，複盤升級，交托上帝			收入 資產 衣服 車子 房子 文憑 頭銜 經歷 外貌 身材 ．．．
		人生階段　*19-32歲*	*33-50歲*	*51-60歲*	
		2. 關鍵要素　① 關鍵要事需做好 　• 幸福當下：1.活自己　2.「發掘」自己　3.「自利」不自私 　• 事業力：1.開發興趣的潛能，培養高價值能力　2.身健力　3.心靈力：企圖心、自控、毅力 　• 找到有意義的正道 ① 重大錯誤不要犯 　• 賭、毒、不善思考（易被誤導） ② 重大意外處理好			
		3. 有效方法　① 找出各階段的關鍵事情的有效方法			
		4. 正反動力　① 正向動力　② 反向動力			
地基邏輯					

圖50　運用超維邏輯思考人生如何圓滿

「1. 要幸福當下。有些人的思維是：我如果有錢了就會幸福；我如果買了房子就會幸福；我如果嫁了好老公就會幸福。當下的小確幸和未來的大滿足，也應當保持動態平衡。如果沒有當下的小確幸，可能未來的大幸福還沒出現就走不下去了。人生是一條漫長的旅程，如果只是一味地忍耐，很可能走不遠，當然也很難幸福。在平凡的生活中，有些人可以從一杯咖啡、一本書、一段脫口秀、一部電影中得到當下的幸福，這便是人生的第一件要事：要幸福當下。」

　　貓頭鷹繼續說：「想要幸福當下，有三個要點供你們參考：活自己，『發掘』自己，『自利』而不自私。」

　　「所謂的『活自己』，主要是學會丟棄不必要的擔子，輕裝走人生道路。以前我們分享過，人生有兩類擔子，一類是不必要的擔子，比如別人的異樣眼光、過時的傳統價值觀、偽裝自己、攀比、愛面子等等，其實沒必要承擔，人生本就是自己的。」

　　「第二類是逃不掉的擔子，比如人生中的多種現實面：事業競爭、各種生活問題等等，都需要明智處理，是好是壞都要自己承受。從小到大，我們從家庭、學校、社會、網路各方面，受到許多似是而非的教導，身上已經有不少不必要的擔子，所以要明智地丟棄它們，才能輕裝上路，生活就會輕鬆很多，就會更有力量揹起逃不掉的擔子，也更能幸福當下。」

　　「至於『發掘』自己，是說要通過多種方式和不斷嘗試，去發掘自己的愛好、性格特質等，探索能讓自己感到幸福的事物和自在的情境，以及適合自己的朋友。」

　　「發掘自己愛好的方法之一，就是本著天生就有的好奇心，以『發現新世界和獨特自己』的心態，去嘗試、發掘自己的愛好、趣味和性格，品味當下的幸福。比如，通過運動、美食、音樂、文學、手作、漫畫、歷史、地理、科學、繪畫等各方面的探索和嘗試，從各種事物、不同層面體會這個世界的多彩多姿，並且從中逐漸發掘

出自己的愛好，同時認識自己的獨特性和待開發的潛能。」

　　貓頭鷹繼續說：「什麼是『自利而不自私』？我們人，為了生存，是天性自利（先顧自己），而不是天性自私（只顧自己）。我們『先』照顧自己（自利），同時順從良心，在自己的能力範圍內盡量幫助別人和愛護世界，就像蜘蛛人所說的『能力越大，責任就越大』，順從良心而『自利卻不自私』，就比較容易有孩子般的簡單快樂。自己能夠幸福當下，如果再遇見對的人（合適的愛人、朋友、志同道合的夥伴），還會好上加好、更加幸福，而不是寄望別人帶給自己幸福，期待白馬王子帶來美好生活。」

　　鸚鵡笑著說：「前輩，您說的這幾點真的都很重要。我以前雖然有些碎片化的模糊概念，但從沒想得這麼深入，又這麼清楚。」

　　貓頭鷹點頭，繼續說：「嗯，我們再來交流第二件要事：準備好未來。有了幸福當下的能力，就會更有力量去準備好未來。在努力工作、幸福當下之餘，還要為未來努力準備，主要有三方面：事業力，健康力，心靈力。」

　　「對於我們大多數人而言，未來的理想生活主要依賴於事業的收入，這也是許多人主要的壓力和焦慮來源。如果能盡早『明智』地準備未來的事業，實現理想生活的機會就很大，而其關鍵就在於『開發興趣的潛能，培養成高價值能力』，遠不只是努力就夠了。」

　　「培養高價值能力和事業的發展都是長期的過程，所以需要培

養健康力，也要訓練心靈力：企圖心、自控、毅力等。這些正向動力，可以幫助我們勝過反向動力：惰性、壓力、挫折等，從而持續成長、前進，逐漸實現我們的美好目標。」

烏龜接著說：「前輩，您說的這幾項心靈力我自己深有體會，也覺得真的很重要。不少人因為企圖心、自控或毅力不足，常常無法堅持而中途放棄。」

貓頭鷹點點頭：「是的。為了準備好未來的事業力、健康力、心靈力，在努力工作、幸福當下的同時，還要保留一些現有的資源（時間、精力、金錢等），為將來努力、預備，這樣才能持續並長久地享受幸福。比如，25 歲送 Uber Eats，即使每個月都能賺 7 ～ 8 萬，現在自己花是不錯，但將來還是無法買房，因此還要留下一些現有的資源為未來預備。否則，等到 50 歲時，可能會陷入困境。所以，一直用時間、勞力來換取收入，對於實現財務自由的目標而言，就是一種重大失策。」

貓頭鷹接著說：「我們再來交流第三件要事：找到有意義的正道。這是源於我們人的第一因：心靈有獨特性。人的心靈獨特性，不但表現在良心的特質上，還有一種特質是奇妙的『心靈空虛感』。當人的基本生活得到滿足後，這種心靈空虛感往往更加顯著，不瞭解的人，可能會誤以為只是『吃飽了撐著』。」

「這種心靈空虛感無法被金錢、豪宅所填滿，也不會因知識、

科學而充實。因此，古今中外許多偉大的科學家、思想家，或者一些富豪或企業家，都做過很多嘗試，透過很多事物，想填滿這種眼睛看不到、又真實奇妙存在的心靈空虛感。這種『心靈空虛感』，就是要催使人去『找到有意義的正道』。」

「那麼，什麼是『正道』呢？我們感知得到的『正道』，就是天生良心（比如未變質的小孩的天真、善良、誠實、簡單喜樂等等）、天道，但這些都還只是受造物，所以還要更深入尋求真正的源頭，尋求真正的第一因。」

貓頭鷹繼續說：「『幸福當下』和『準備好未來』都需要花費不少時間和精力，但投資報酬率絕對很值得。在第一和第二件要事適當處理好，有餘時、餘力後，就要盡快尋找第三件要事，雖然可能要花很多時間和精力，但也更值得投入。『找到有意義的正道』，具體的尋找方法，可以從不同維度去深入思考，你們如果有興趣，以後有機會我們再深入交流。」

「以上是我個人的『人生』分享，僅供參考。你們也要用邏輯來思考、檢視我所分享的內容，不要迷信老師、權威或大師。我也一直向不同老師學習，但我不迷信古今中外的大師，因為我知道連愛因斯坦都會錯，更因為我自己會邏輯思考。」

烏龜接著說：「前輩，您說的這第三件要事：找到有意義的正道，我挺感興趣的，我另外再和您約時間請教。」

黑狗感歎地說：「前輩，跟您學習到現在，特別是在我自己用了您教的方法之後，真心感到佩服。因為從基本的判斷資訊真假、道理對錯，用邏輯說服人，再到明智處理生活和事業的重大事情，都非常好用。」

鸚鵡也興奮地說：「是啊，尤其今天又聽前輩把人生和人的心靈看得如此通透，想得如此貫通，我不但對您所教的這套融會貫通的『超維邏輯』更有信心，也更有動力去好好練習，因為我清楚看到它所能達到的高度，以及所能帶來的巨大價值。」

貓頭鷹聽了三人的分享後，笑著說：「我分享『超維邏輯』給你們，包含知識體系和有效方法，希望能協助你們和更多人，培養出高價值的思考力和創新力，這在 AI 時代又特別重要。通過這些，讓努力提升為明智的努力，就能提升收入、成就和幸福，成為人生勝利組。」

黑狗說：「前輩，除了對您能夠融會貫通邏輯思考深感敬佩，我也敬佩您的人格。因為許多老師和專家，常常為了面子或其他原因，只知皮毛卻不懂裝懂。而您，沒把握的地方都會誠實、自信地承認。」

貓頭鷹笑著說：「我會樂意承認自己不懂的地方，是因為我已經拋棄許多不必要的擔子，而且我深刻認知到自己的渺小和人類的有限，也就不會自以為了不起。」

　　「看來，你們的頭腦都越來越清楚、靈活了，所以能深入地分清好壞，也清楚哪裡有問題。在這十幾次的聚會裡，我和你們深入交流了這麼多，有意思的是，我卻沒和我親哥哥分享過這些內容。」

　　鸚鵡好奇地說：「為什麼呢？前輩。」

　　貓頭鷹笑著說：「我講一個真實故事給你們聽。我年輕時，擔任一家公司的經理。公司來了一位新助理，我常常會主動地教她一些工作技巧和經驗。有一天，她對我說：『經理，你可不可以不要跟我講這麼多，我又不想學。』我剛聽到時，很吃驚，想了幾天後，我想通了，有些人就是不想學某些東西。」

　　「今天是我們今年最後一次的定期聚會，之前所分享的內容和方法，你們在運用時，如果有疑問，把問題記下來，你們先自己討論。如果還有疑問，我們再約時間交流。」

　　烏龜很感動地說：「前輩，真的非常感謝您，把這麼珍貴且易學好用的邏輯思考，這麼用心地教導我們。我已經預訂了一家餐廳，待會我們一起去吃飯，表達一下我們的小小心意。」

　　貓頭鷹笑著說：「好啊，那我就不客氣了。不過以後你們不用叫我前輩，叫我『老少』就可以了。」

　　鸚鵡笑著說：「哈，老少，又老又少，這名字挺有意思。心智升老，心靈還少。老少，走，我們吃飯去，哈哈。」

　　大家都被鸚鵡逗笑了，在歡聲笑語中，開始了亦師亦友的關係。

黑狗三人也持續運用「超維邏輯」的思考和眼光，去開啟全新的美好人生。

後記

　　這世界總是存在著各種騙子，有政客騙子、投資騙子、感情騙子、雞湯騙子、廣告騙子等等，他們就像是不同種類的病毒，總是無處不在。然而，關鍵在於我們是否有能力去抵擋這些各式各樣的病毒。

　　很多人抱怨騙子很多，有用嗎？

　　事實上，根本解決這個問題並能保護自己的方法，是培養自己的邏輯思考能力。

　　然而，反思自我並培養能力需要持續努力，而抱怨卻是一種輕鬆而容易的選擇。因此，很多人選擇了抱怨別人和環境，而不是改善自己的關鍵不足。

　　這樣一來，他們反而容易成為各種騙局的受害者，或是被虛假的訊息、雞湯所迷惑，甚至被似是而非道理誤導而不自知，也就難以得到美好事物、長期幸福！

　　人生要能長期幸福，需要在事業、情感和生活中做出許多正確的重要選擇，所以有句話說得好：「選擇重於努力」。然而，如果

不善邏輯思考，就很難做出正確選擇！

　　我們要怪誰呢？是怪命運、怪環境、還是怪別人？

　　解決的方法是什麼？是找算命師、依靠改運、還是寄望於運氣？

　　年輕時，我被騙過，損失不少。我也曾做錯重要選擇，付出了巨大的代價。這些都是因為我年輕時缺乏邏輯思考能力所導致的。

　　因此，我想與你分享一下融會貫通的超維邏輯思考，希望能幫助你不再成為詐騙的受害者，並且自己能夠做出正確的選擇，從而提升收入、成就，並且獲得長期的幸福。我們一起努力，一起實現各自的美好日標吧！

國家圖書館出版品預行編目資料

超維邏輯思考力：掌握資訊判斷、邏輯說服、正確決策、創新思
考、活用知識、解決問題的易學好用方法 / 李守忠、傅皓政著 . --
初版 . -- 臺北市：商周出版：英屬蓋曼群島商家庭傳媒股份有限公
司城邦分公司發行，2024.05
　　　面； 　 公分 . --（Live & learn；125）

ISBN　978-626-390-093-6（平裝）

1. CST：邏輯

150　　　　　　　　　　　　　　　　　　　　　113003740

超維邏輯思考力：掌握資訊判斷、邏輯說服、正確決策、創新思考、活用知識、解決問題的易學好用方法

作　　　者／李守忠、傅皓政
責 任 編 輯／王拂嫣

版　　　權／林易萱、吳亭儀
行 銷 業 務／林秀津、林詩富、賴正祐
總　編　輯／程鳳儀
總　經　理／彭之琬
事業群總經理／黃淑貞
發　行　人／何飛鵬
法 律 顧 問／禾元法律事務所　王子文律師
出　　　版／商周出版
　　　　　　臺北市南港區昆陽街 16 號 4 樓
　　　　　　電話：(02) 2500-7008　　傳真：(02) 2500-7759
　　　　　　E-mail：bwp.service@cite.com.tw
發　　　行／英屬蓋曼群島商家庭傳媒股份有限公司城邦分公司
　　　　　　臺北市南港區昆陽街 16 號 8 樓
　　　　　　書虫客服服務專線：(02) 25007718・(02) 25007719
　　　　　　24 小時傳真服務：(02) 25001990・(02) 25001991
　　　　　　郵撥帳號：19863813　　戶名：書虫股份有限公司
　　　　　　讀者服務信箱 E-mail：service@readingclub.com.tw
　　　　　　城邦讀書花園 www.cite.com.tw
香港發行所／城邦（香港）出版集團
　　　　　　香港九龍土瓜灣土瓜灣道 86 號順聯工業大廈 6 樓 A 室
　　　　　　電話：(852) 25086231　　傳真：(852) 25789337
　　　　　　E-mail：hkcite@biznetvigator.com
馬新發行所／城邦（馬新）出版集團【Cite (M) Sdn. Bhd】
　　　　　　41, Jalan Radin Anum, Bandar Baru Sri Petaling,
　　　　　　57000 Kuala Lumpur, Malaysia.
　　　　　　電話：(603) 90563833　　傳真：(603) 90576622
　　　　　　E-mail：services@cite.my

封 面 設 計／徐璽工作室
內文設計排版／唯翔工作室
印　　　刷／韋懋實業有限公司
總　經　銷／聯合發行股份有限公司　　電話：(02) 2917-8022　　傳真：(02) 2911-0053
　　　　　　地址：新北市新店區寶橋路 235 巷 6 弄 6 號 2 樓

■ 2024 年 5 月 2 日初版　　　　　　　　　　　　　　　　Printed in Taiwan
城邦讀書花園
www.cite.com.tw

定價：420 元　　　　　ISBN：978-626-390-093-6　　　　　版權所有・翻印必究

廣　告　回　函
北區郵政管理登記證
北 臺 字 第 10158 號
郵資已付，免貼郵票

115　臺北市南港區昆陽街16號4樓

英屬蓋曼群島商家庭傳媒股份有限公司城邦分公司　收

- -

請沿虛線對摺，謝謝！

書號：BH6125	書名：超維邏輯思考力：掌握資訊判斷、邏輯說服、 正確決策、
	創新思考、活用知識、解決問題的易學好用方法

 商周出版

讀者回函卡

感謝您購買我們出版的書籍！請費心填寫此回函卡，我們將不定期寄上城邦集團最新的出版訊息。

姓名：＿＿＿＿＿＿＿＿＿＿＿＿＿＿＿＿＿ 性別：□男 □女

生日：西元＿＿＿＿＿＿年＿＿＿＿＿月＿＿＿＿＿日

地址：＿＿＿＿＿＿＿＿＿＿＿＿＿＿＿＿＿＿＿＿

聯絡電話：＿＿＿＿＿＿＿＿＿ 傳真：＿＿＿＿＿＿＿＿

E-mail ：

學歷：□ 1. 小學 □ 2. 國中 □ 3. 高中 □ 4. 大學 □ 5. 研究所以上

職業：□ 1. 學生 □ 2. 軍公教 □ 3. 服務 □ 4. 金融 □ 5. 製造 □ 6. 資訊

□ 7. 傳播 □ 8. 自由業 □ 9.農漁牧 □ 10. 家管 □ 11. 退休

□ 12. 其他＿＿＿＿＿＿＿＿＿＿＿＿＿＿＿

您從何種方式得知本書消息？

□ 1. 書店 □ 2. 網路 □ 3. 報紙 □ 4. 雜誌 □ 5. 廣播 □ 6. 電視

□ 7. 親友推薦 □ 8. 其他＿＿＿＿＿＿＿＿＿

您通常以何種方式購書？

□ 1. 書店 □ 2. 網路 □ 3. 傳真訂購 □ 4. 郵局劃撥 □ 5. 其他＿＿＿

您喜歡閱讀那些類別的書籍？

□ 1.財經商業 □ 2. 自然科學 □ 3. 歷史 □ 4. 法律 □ 5. 文學

□ 6. 休閒旅遊 □ 7. 小說 □ 8. 人物傳記 □ 9. 生活、勵志 □ 10. 其他

對我們的建議：＿＿＿＿＿＿＿＿＿＿＿＿＿＿＿＿

＿＿＿＿＿＿＿＿＿＿＿＿＿＿＿＿＿＿＿＿＿＿＿

＿＿＿＿＿＿＿＿＿＿＿＿＿＿＿＿＿＿＿＿＿＿＿